Christiane Engelhardt

Lebensaufgabe

Wenn mein Kind nicht mehr leben will

Christiane Engelhardt

LEBENS AUFGABE

Wenn mein Kind nicht mehr leben will

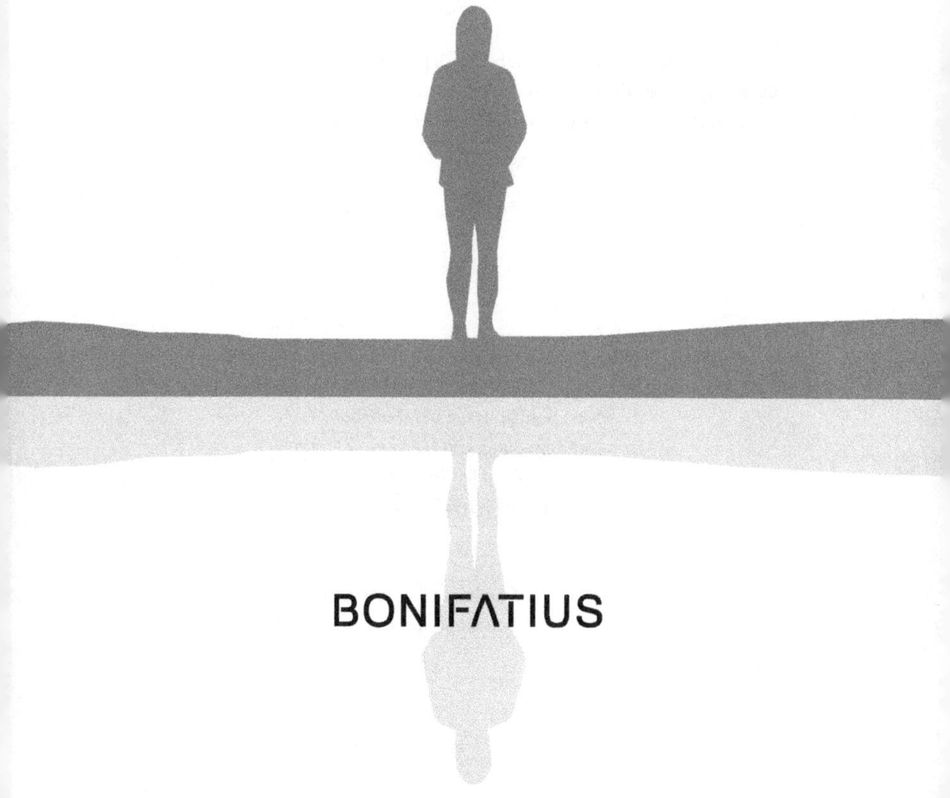

BONIFATIUS

Bibliografische Information der Deutschen Nationalbibliothek:
Die Deutsche Nationalbibliothek verzeichnet diese Publikation in der Deutschen Nationalbibliografie; detaillierte bibliografische Daten sind im Internet über http://dnb.d-nb.de abrufbar.

Klimaneutrale Produktion.
Gedruckt auf umweltfreundlichem, chlorfrei gebleichtem Papier.

Umschlaggestaltung: Weiss Werkstatt München, *werkstattmuenchen.com*
Umschlagabbildung: © AdobeStock_374084218 | krissikunterbunt
Satz: Bonifatius GmbH, Paderborn
Druck und Bindung: CPI books GmbH, Leck
Printed in Germany
ISBN 978-3-98790-001-3

Weitere Informationen zum Verlag:
www.bonifatius-verlag.de

Das ist ein Foto meiner Tochter Hanna.
Sie nahm sich mit 13 Jahren das Leben.

Mit Hanna im Herzen
widme ich dieses Buch
meinem Sohn Fabian
und meinen „Vizekindern"
Ingo, Hilke und Maike

Die in diesem Buch angesprochenen Ergebnisse und Empfehlungen wurden sorgfältig erarbeitet und geprüft. Eine Garantie kann jedoch nicht übernommen werden. Ebenso ist eine Haftung der Autorin oder des Verlags und seiner Beauftragten ausgeschlossen. Da sich die Psychotherapie ständig weiterentwickelt, können zukünftige neue Erkenntnisse nicht ausgeschlossen werden. Dieses Buch ersetzt nicht eine individuelle, persönliche ärztliche Beratung.

In diesem Buch geht es um Suizid und es werden auch die Themen sexualisierte Gewalt, Tod, selbstverletzendes Verhalten und psychische Erkrankungen besprochen. Einige Leser*innen könnten diese Themen zu sehr beunruhigen. Bitte lesen Sie das Buch auf eigene Verantwortung.

Inhalt

Einleitung

Wenn ein Kind oder ein*e Jugendliche*r sein oder ihr Leben beendet oder beenden will, werden Eltern, Geschwister und Menschen aus dem Umfeld urplötzlich aus dem Lebensalltag herausgerissen. Sie werden mit einem Tabuthema konfrontiert, welches alle rasch zu überfordern droht. Die Auseinandersetzung mit dem Wunsch oder dem Fakt der Selbsttötung eines Kindes bringt die Menschen an ihre eigenen Belastungsgrenzen. Ohnmacht, Enttäuschung, Verzweiflung und Wut werden ebenso erlebt wie resignativer Rückzug. Die Gedanken, etwas im Umgang mit dem eigenen Kind versäumt oder falsch gemacht zu haben, quälen die Eltern und führen zu Schuld- und Schamgefühlen. Niemand möchte mit Suizidalität oder Suizid zu tun haben und dennoch kann es jede*n völlig unverhofft treffen.

Es sind vierundzwanzig Jahre vergangen, seit meine Tochter Hanna im Alter von erst dreizehn Jahren ihr Leben aufgab. Für mich war der Suizid meiner Tochter ein zutiefst erschütterndes Ereignis, dem eine lange Zeit der Trauerverarbeitung folgte.

Seit diesem Schicksalsschlag setze ich mich mit dem Thema Suizidalität und Suizid bei Kindern und Jugendlichen und der Trauer der Hinterbliebenen auseinander. Meine Tochter hat ihr Leben aufgegeben. Mein Leben ging weiter und ich erkenne heute viele unerwartete Lebensaufgaben, die ich nach der Lebensaufgabe meiner Tochter erfüllte und die mein Leben bereicherten. Egal, ob im Beruf oder in der Kunst oder bei einem Engagement für Flüchtlinge: Es ist eine Lebensaufgabe, das Leben zu bejahen und zu meistern, auch wenn es nicht immer zu gelingen scheint.

Als Fachärztin für Psychotherapeutische Medizin bin ich seit 1988 in Kliniken und eigener Praxis tätig und sehe einen

Teil meiner Lebensaufgabe darin, über gemeinsames Reden eine vertrauensvolle therapeutische Beziehung zu meinen Patient*innen aufzubauen, um einen Zugang zu Problemen, Konflikten und Traumata zu finden, die im Verlauf der Therapie bearbeitet und gelöst werden. In den Therapien verläuft diese gemeinsame Arbeit an den Konflikten meist positiv. Umso erschütternder war es für mich als Mutter erleben zu müssen, dass meine Tochter vor ihrem Suizid kein gemeinsames Gespräch zuließ. Als Therapeutin wusste ich viel über Suizid, aber das Wissen allein reichte nicht aus. Die vermeintliche Absicherung „Ich bin doch vom Fach" schützte mich und Hanna nicht.

Nach vielen Jahren eigener Verarbeitungsstrategien und therapeutischer Behandlung von Betroffenen, werde ich in diesem Buch Suizidalität und Suizid im Kindes- und Jugendalter aus der Sicht einer betroffenen Mutter und Therapeutin erkunden und aufzeigen, wie trotz aller Schwierigkeiten neue Wege möglich werden.

Die Meinung, dass Suizid doch gar kein gesellschaftliches Tabuthema mehr ist und dass es wenig Menschen gibt, die mit dem Suizid eines Kindes konfrontiert werden, ist falsch. Insbesondere in der aktuellen Corona-Krise wird in den Medien über die Zunahme von Suizidalität und Suiziden auch im Kindes- und Jugendalter geschrieben und diskutiert.[1] Es besteht nach wie vor eine große Angst und Scham, in die Abgründe zu blicken, die sich für Betroffene und ihre Begleiter*innen auftun. Suizid ist ein Tabuthema auch in Deutschland, und das gilt besonders für Suizid von Kindern und Jugendlichen. Das Thema sollte nicht an Aufmerksamkeit verlieren und in unserer Gesellschaft wachgehalten werden.

1 vgl. Eder, S.: Eine dramatische Situation, Artikel in der FAZ vom 10.01.2022.

Im ersten Teil dieses Buches, „Frühlingskind“, liegt es mir zunächst am Herzen, als Mutter und inzwischen Großmutter meine Schublade, angefüllt mit eigenen Erinnerungen und mit beeindruckenden Texten meiner Tochter, für andere zu öffnen, damit Hanna über ihren Tod hinaus Wertschätzung und respektvolle Erinnerung erfahren darf. Als Autorin glaube ich fest daran, dass Literatur Achtung für Menschen schaffen kann. Mein beherztes Schreiben soll aber nicht nur meiner Tochter Achtung verschaffen, sondern dazu ermuntern, anderen, von Suizidalität und Suizid betroffenen Menschen, ebenfalls Respekt entgegenzubringen. Es fällt Betroffenen zeitweise schwer, in belastenden Lebensmomenten den Respekt vor sich selbst zu bewahren. In meinem fortgeschrittenen Alter ist es mir besonders wichtig geworden, mich und mein Leben zu respektieren und auch Respekt für das Leben anderer einzufordern.

Ich werde sehr offen über mein persönliches Erleben in den Zeiten der Trauer nach dem Suizid meiner Tochter schreiben und darüber, was diese Selbsttötung für mich und die Familie, insbesondere für Hannas Geschwister bedeutete. Diesen ersten Teil über meine Erinnerungen und die Biografie meiner Tochter schreibe ich, um andere Betroffene zu ermuntern, genau hinzuschauen, das Spektrum der Ereignisse im eigenen Leben und im Leben ihres Kindes zu reflektieren. Mein Wunsch ist es, die Wahrnehmung zu schulen, Blickwinkel zu ändern und andere zu ermuntern, ebenfalls in Worte zu fassen, was sie sich bislang vielleicht nicht auszusprechen trauten.

Leider erlebe ich immer wieder, dass Betroffene von Suizid und auch Menschen, die sich um diese kümmern, den Blick nur auf das schreckliche Ereignis richten. Dabei vergessen sie häufig die positiven, lebensfrohen und kreativen Erfahrungen, die sie vor einer suizidalen Krise oder dem Suizid ihres Kindes machen durften.

Wenn das große Spektrum an Momentaufnahmen einer Lebensgeschichte erfasst wird, gelingt es, mehr Klarheit in Bezug auf die Vielschichtigkeit der Biografie eines Menschen, der sein Leben aufgeben will oder es bereits getan hat, zu finden.

Im zweiten Teil „Zwischen Leben und Tod" setze ich mich sehr konkret mit dem Thema Suizidalität im Kindes- und Jugendalter auseinander. Ich stelle diese inhaltliche Auseinandersetzung dem Teil III „Es gibt kein Zurück" über die Folgen eines Suizids für die Angehörigen und mögliche Hilfe- und Therapiemaßnahmen voran, denn suizidale Krisen oder suizidale Handlungen gehen dem endgültigen Suizid meist voraus. In der suizidalen Phase besteht die Möglichkeit, das Lebensboot der Kinder noch in ein ungefährlicheres Gewässer zu lenken. Eltern, die sich gerade Sorgen machen um ihr pubertierendes Kind und sich dabei viele Fragen stellen zum Thema Suizidalität von Kindern und Jugendlichen, können sich im Teil II umfangreich informieren und durch Fallbeispiele anderer, betroffener Eltern Wichtiges erfahren.

Im zweiten und dritten Teil lasse ich viel von meiner therapeutischen Arbeit einfließen. Da ich auf Augenhöhe als Therapeutin mit Patient*innen, die ebenfalls ein Kind verloren hatten, arbeitete, ohne dabei meine therapeutische Distanz zu verlieren, erfuhr ich stets viel Vertrauen und es entwickelte sich ein Gefühl von Solidarität. So war es mir im Vorfeld zu diesem Buch möglich, viele Eltern anzuschreiben, sie um Erlaubnis zu bitten, Fallbeispiele und Interviews auswerten und veröffentlichen zu dürfen.

Ich stellte ihnen in den Interviews nicht nur Fragen, sondern führte gemeinsame Gespräche mit einzelnen Betroffenen und versuchte sehr individuell die Ergebnisse auszuwerten, um dabei einige allgemeingültige Aussagen zum Umgang mit dem Thema Suizid eines Kindes zu erfassen. In anonymisierter Form bereichern somit die Erfahrungsberichte anderer betroffener Eltern die einzelnen Kapitel und ermöglichen eine lebendige Auseinandersetzung mit dieser anspruchsvollen Thematik.

Durch diese Menschen und ihre wichtigen Beiträge und Antworten fühlte ich mich bestärkt, diesen Ratgeber zum Thema suizidale Krise und Verlust eines Kindes durch Suizid nicht nur an die Betroffenen, sondern auch an eine breitere Öffentlichkeit zu adressieren.

Die ausgewerteten Fragen aus den Interviews über den Umgang mit der belastenden Schuldthematik nach einem Suizid tauchen im Kapitel „Spirale der Schuld“ auf. Aspekte hinsichtlich der Trauer von Geschwisterkindern und ermutigende Angebote zur Trauerverarbeitung werden ebenso beschrieben wie der Umgang mit der Angst vor Stigmatisierung.

Gerade im dritten Teil bekommen Betroffene und andere, die sich mit dem Thema Suizidalität und Suizid auseinandersetzen, wertvolle Hinweise auf mögliche Hilfsangebote, Anlaufstellen und unterschiedliche Behandlungsmöglichkeiten. Die Leser*innen finden leicht nachvollziehbare Anleitungen für hilfreiche Rituale und Übungen für Zeiten der Belastung und Trauer. Insgesamt möchte ich mit diesem Buch die Leser*innen ermuntern und auffordern, miteinander zu sprechen. Mit den Kindern, mit Betroffenen, mit Bekannten, mit Nachbar*innen, mit Sozialarbeiter*innen, Lehrer*innen und Therapeut*innen. Denn Schweigen und Rückzug können für die Kinder, für die Eltern und für Trauernde verhängnisvoll werden.

Als Ärztin, Autorin und vor allen Dingen als Mutter möchte ich den Leser*innen Mut machen, indem ich Wege aus dem Rückzug und der Resignation aufzeige. Betroffene werden in diesem Buch erfahren, wie trotz der tiefen Erschütterung und Trauer sich neue Wege auftun. Es zeigt, wie es uns gelingen kann, mit der seelischen Widerstandskraft, die uns Menschen innewohnt, der sogenannten Resilienz, und mit der Bereitschaft, Unterstützung anzunehmen, nicht nur weiterzuleben, sondern sogar durch das Trauma innerlich zu wachsen.

Teil I

„FRÜHLINGSKIND"

Eine betroffene Mutter berichtet

Im Frühling eines Menschenlebens

Inzwischen habe ich mit vielen betroffenen Angehörigen nach Suizid ihres Kindes privat und auch in meiner Praxis für Psychosomatik und Psychotherapie über ihre Leidensgeschichten gesprochen. Auf meine Frage, wann ihr Kind sich das Leben genommen habe, kam meist die Antwort: „Es war im Frühling!"

In den Erzählungen tauchten dann Schilderungen von einem sonnigen Frühlingstag auf. Die Natur war gerade nach einem harten, kalten Winter erwacht und die Menschen freuten sich, endlich ins Freie zu laufen, um die ersten wärmenden Sonnenstrahlen zu erleben. Oder es kamen Berichte über einen ersten Besuch in einer Eisdiele, einem Biergarten oder einem Café. Man freute sich darüber, endlich wieder farbenfrohe, leichte Kleider anziehen zu können. Es herrschte Leichtigkeit in den geschilderten Lebenssituationen, die durch die unfassbare Härte des folgenden Suizides des Kindes zerbrach. Das Leben der anderen lief danach heiter weiter, aber für die Betroffenen tat sich ein Abgrund auf. Es folgte ein Bruch in ihrer Lebenslinie, und von diesem Moment an sollte ihr Leben niemals so weitergehen, wie vor dem schrecklichen Ereignis.

Es ist unter Fachleuten bekannt, dass Menschen gerade in dieser hoffnungsvollen Frühlingszeit, nach einem harten Winter, der vielleicht angefüllt war mit Depression und Rückzug, bevorzugt ihr Leben beenden. Diese neue Frühlingskraft beim Aufwachen der Natur nehmen auch die Suizidanten wahr und nutzen sie, um ihr Ziel zu erreichen und aus ihrem für sie ausweglos erscheinenden Leben zu gehen.

Für betroffene Eltern ist dieser Schritt unfassbar, da sie das Aufblühen ihres Kindes nach einem kalten Winter und sein Heraustreten aus einer depressiven Phase eigentlich als etwas hoffnungsvolles, als eine psychische Besserung zu mehr Lebendigkeit und Lebensfreude deuteten. Der Schein trügt, denn die Kinder blühen meist auf, weil sie den Entschluss, oft nach langem Ringen und quälenden Zeiten der Ambivalenz, endlich klar gefasst haben. Der Tod verspricht ihnen in ihrer Vorstellung eine Erleichterung und eine Befreiung aus ihrem unerträglichen Dasein.

So erging es mir am 15. Mai 1997. Der erste warme Tag und ich rief im Treppenhaus: „Wer hat Lust, mit mir zum Italiener Eisessen zu gehen?“ Zwei Kinder fuhren mit, wir genossen unser Eis und wieder zurückgekehrt erfuhr ich, dass sich gerade in diesen zwei Stunden meine Tochter Hanna mit erst dreizehn Jahren das Leben genommen hatte. Alle, die sie kannten, waren völlig fassungslos.

Frühlingsgedicht

Wenn die Vögel singen,
Wenn die Kinder lachen,
Wenn die Knospen springen,
Wenn die Tiere wachen,
Dann kommt die Zeit des Herzens,
Der Farben und des Sieges.
Und nicht die Zeit der Schmerzen,
Der Bosheit und des Krieges.
Aus Bäumen hört man Lieder.
Alle wissen: Es ist so weit,
Nun kommt sie endlich wieder
Die wunderbare Frühlingszeit.

(Hanna Müller, März 1997)

Dieses Gedicht schrieb Hanna im Deutschunterricht zwei Monate vor ihrem Tod. Die von ihr sehr geliebte Deutschlehrerin konnte nicht ahnen, dass da ein Kind vor ihr saß, das daran dachte, sich das Leben zu nehmen. Ich las das Gedicht und freute mich über die Begabung meiner Tochter. Und wie konnte ich als Mutter vermuten, dass meine Tochter trotz dieser wundervollen Beschreibung des kommenden Frühlings innerlich bereits begonnen hatte, sich von dieser Welt zu verabschieden?

Kinder, die sich in diesem frühen Lebensabschnitt, dem Frühling ihres Lebens, selbst töten, nenne ich seither „Frühlingskinder". Ihr Leben gleicht einer Wunderkerze, die zu früh erlischt.

Hanna erlebte ich wie eine solche Wunderkerze für mein Leben. Gleich zu Beginn dieses Buches möchte ich über ihr kurzes Leben schreiben. Keine Biografie gleicht der anderen, aber vielleicht regt meine Geschichte über Hanna die Leser*innen an, auch über ihre eigenen Kinder nachzudenken, Parallelen zu deren Lebensgeschichten zu erkennen und sich ermuntert zu fühlen, über dieses unfassbare Tabuthema mit anderen Menschen zu sprechen. Oder sie erleben gerade, dass ihr Kind eine suizidale Krise durchlebt, und trauen sich nicht, darüber mit ihm oder anderen zu reden, aus Angst, versagt zu haben. Bitte trauen Sie sich, das Thema mit ihrem suizidgefährdeten Kind anzusprechen und öffnen Sie sich dem Problemfeld Suizidalität im Kindes- und Jugendalter. Informieren Sie sich über Suizidalität und nutzen Sie die Orientierungshilfen im zweiten Abschnitt dieses Buches.

Trotz Hannas Lebensaufgabe gehört es inzwischen zu meiner Lebensaufgabe, Betroffene nach Suizid darauf hinzuweisen, dass sie, bei aller Trauer um ihr Kind, nicht vergessen sollen, an einen neuen Frühling in ihrem zukünftigen Leben zu denken. Denn nach jedem Winter folgen Frühling, Sommer und Herbst, und unsere Lebensabschnitte spiegeln diesen Rhythmus.

Obwohl ich nach dem Suizid oft gefangen war in traurigen Gedanken und Gefühlen, zwischenzeitlich in meiner Verzweiflung selbst daran dachte, mein Leben aufzugeben, freue ich mich inzwischen jedes Jahr am Ende des Winters darüber, dass der Frühling erwacht. In meinem Leben steigern sich Hoffnung, Zuversicht, frohe Erwartung und Neugier. Auch diese positiven Gefühle haben ein Recht, immer wieder in unserem, oft durch Krisen geplagten Leben, ihren Raum einzunehmen. Hanna drückte diese Freude in einem weiteren Gedicht aus:

Ich schaue aus dem Fenster,
Die Wolken sind so nah.
Die Sonne glüht dahinter,
Ist diese Schönheit wahr?
Wer solche Pracht geschaffen,
Der muss ein Künstler sein.
Ich sitze hier gelassen,
Gewärmt vom Sonnenschein.
Die Freude kommt nun wieder,
Das Leben ist erhellt.
Die Vögel zwitschern Lieder,
Welch wunderbare Welt.

(Hanna Müller, April 1997)

Biografie meiner Tochter Hanna

Wie schon erwähnt, haben alle Kinder, die sich das Leben nehmen, völlig unterschiedliche biografische Hintergründe. Ich lege als tiefenpsychologisch arbeitende Psychotherapeutin besonderen Wert darauf, die bestehenden Konflikte eines Menschen in einem kausalen Zusammenhang mit seiner Lebensgeschichte zu sehen. Dieses Vorgehen ist auch beim Aufarbeiten der Biografien von Kindern und Jugendlichen nach einem Suizid sinnvoll. Vor allem in der Anfangszeit versuchen die betroffenen Eltern, die Gründe in den verschiedenen Entwicklungsphasen ihrer Kinder nachträglich aufzuspüren. Letztendlich gibt es aber häufig keinen nachvollziehbaren Grund für eine solche Tat. Wir müssen uns mit Vermutungen zufriedengeben und uns verdeutlichen, dass andere Menschen, die oft schlimmere Schicksale haben, sich nicht das Leben nehmen.

Als Orientierungshilfe oder beispielhafte Strukturvorgabe für Angehörige, zeige ich die Biografie meiner Tochter Hanna wie einen Baum oder ein Gerüst, an dem anlehnend die unterschiedlichen Altersstufen und Entwicklungsschritte von Kindern eingeordnet werden können. Zusätzlich besteht die Möglichkeit, sich durch die Identifikation mit diesem geschilderten Schicksal nicht mehr so gänzlich allein zu fühlen. Mein Wunsch ist es, dass sich Eltern durch meine Offenheit ermuntert fühlen, auch die Geschichte ihres verstorbenen Kindes ganz offen zu kommunizieren, denn in unserer Erinnerung bleiben die Kinder dadurch lebendig und ihr angenommen viel zu kurzes Leben erfährt eine Wertschätzung. Es lohnt sich, auch ein kurzes Leben genau anzuschauen.

Wenn mir nach Hannas Tod jemand in einem Kondolenzbrief oder einem Gespräch wohlmeinend mitteilte, „was für ein kurzes Leben und was für eine sinnlose Tat von deiner Tochter“, verletzte es mich und ich dachte, Hanna hat schon mit dreizehn Jahren viele berührende, teils freudige, teils traurige Gedichte geschrieben und sie verfügte über ein tiefes Wissen über Liebe, Trauer und Schmerz, welches manche Menschen bis ins hohe Alter nicht erlangen. Sich durch Schreiben auszudrücken war offensichtlich für Hanna, trotz ihrer Suizidalität, eine wichtige, letzte Lebensaufgabe, bevor sie ihr Leben beendete.

Nur durch eine respektvolle Annahme von positiven wie negativen Momentaufnahmen eines Menschenlebens, können wir die Lebensgeschichte eines Kindes mit ihren vielen Facetten erfassen. Vielleicht nicken Sie beim Lesen und sehen Ähnlichkeiten, oder Sie erkennen, dass die Lebensgeschichte ihres Kindes völlig anders ablief.

Geburt und Hannas erste Lebensjahre

In meiner Erinnerung an die Zeit nach der Geburt meiner Tochter sehe ich einen kraftvollen Säugling, der eingehüllt in gelbes Bettzeug in einem weißen Rooming-in-Bettchen auf einer Wöchnerinnen-Station neben mir liegt. Ich genoss es, in den ersten Tagen mein Baby in einem winzigen Einzelzimmer langsam kennenzulernen. Das Auffälligste an Hanna waren ihre großen, blauen Augen, mit denen sie auch im weiteren Leben die Blicke auf sich zog.

Hannas Entwicklung wurde in ihrem gelben Untersuchungsheft festgehalten und verlief „bilderbuchmäßig“. Aufgrund ihrer fröhlichen Art und ihrer Lebhaftigkeit hatten unsere beiden Kinder viel Spaß. Wenn Hanna sich bewegte, war dies meist mit lautem Brabbeln und Quietschen verbunden. Sie eiferte ihrem sechzehn Monate älterem Bruder nach, griff nach seinen Spielsachen und trieb ihn mit ihrem Temperament an. Sie lachten viel zusammen, Hanna konnte aber auch kräftig losschreien, wenn sie etwas unbedingt haben wollte. Sie liebte es, ihrem Gegenüber liebevoll gemeint in die Nase zu beißen und konnte nicht verstehen, dass das weh tat. Sie war sehr ehrgeizig und konnte auch überaus zickig und störrisch reagieren.

Unser neues Haus lag in einem Neubaugebiet außerhalb der Stadt. Hier wohnten viele junge Familien mit kleinen Kindern, und das naturbelassene Gelände mit riesigen Erd- und Steinhaufen regte das Spielen und Matschen der Kinder an. Es war ein wahres Paradies für Kinder, in dem sie die Natur erkunden und sich unkompliziert mit Gleichaltrigen im Freien treffen konnten. Ich habe allerdings bis heute kein Kind erlebt, das so ungeheuer matschen konnte wie Hanna. Auch beim Essen war Hanna unübertroffen. „Sie isst wie ein Ferkel", so stellte es ihre Großmutter am Tisch etwas despektierlich fest. Doch trotz mancher Ermahnung brachte Hanna uns am Tisch immer wieder zum Lachen. Es hatte was Lustvolles und Energiegeladenes, wenn sie voller Kraft etwas in ihren Händen zerdrückte und durch alle Finger quetschte.

Genau das war es, was den Umgang mit Hanna in der Erziehung schwierig machen sollte. Sie steckte uns alle an, brachte so viel Lust und Lebensfreude in den Tag und es fiel schwer, den richtigen Weg in der Begrenzung ihrer Aktionen zu finden. Wenn ich oder der Papa sie dann ermahnten oder auch nur etwas strenger anschauten, war sie zutiefst gekränkt. Nach einem intensiven, herzzerreißenden Blick voller Enttäuschung wendete sie sich ab und fing bitterlich an zu weinen.

Hanna, so war mein Eindruck, erlebte alles intensiver als manches andere Kind. Von Anfang an und auch im weiteren Leben verarbeitete sie die Inhalte von Büchern, Filmen oder

Theaterstücken mit einer Betroffenheit und Erregung, die mich dazu brachten, ihr nur wenig aufregenden Input zuzumuten. Ich denke, sie hatte nicht nur die Fähigkeit, Dinge mit unglaublicher Intensität zu erleben, sondern auch viel Fantasie, sich das Erfahrene weiter auszumalen.

Auch träumte Hanna bildhaft und konnte ihre Träume erzählen. Ein sehr aufwühlender Traum, den sie im Alter von vier Jahren hatte, ist mir lebhaft in Erinnerung und bekam nach ihrem Suizid noch einmal eine besondere Bedeutung für mich. Eines Nachts schrie Hanna verzweifelt nach mir. Als ich an ihr Bett kam, war sie völlig aufgelöst, beruhigte sich dann langsam auf meinem Schoß und erzählte mir auf Nachfragen ihren schlimmen Traum: „Da waren ganz viele kleine Monster." Ich fragte nach, wie die denn aussahen. „Wie Zwerge mit bunten Kleidern. Sie waren ganz lustig und hüpften um mich herum." Als ich erstaunt meinte, was denn dann so schlimm an dem Traum sei, flüsterte sie völlig verängstigt: „Mama, das Schlimme war nicht, wie diese Zwerge aussahen, sondern dass, was sie sagten. Die sagten immer: ‚Hanna, du musst sterben!'" Wieder fing sie an zu weinen und drückte sich noch fester an meinen Körper. Wie kam ihr Unterbewusstsein auf diesen Traum?

Insgesamt war Hanna jedoch ein sehr resolutes Kind, das schnell alles selbst machen wollte und dabei auch ganz eigenwillige Wege ging. Ihr Geschmack bei der täglichen Auswahl ihrer Kleidung war ungewöhnlich. Bei ihren T-Shirts und Unterteilen entschied sie sich für bunteste Farben. Mit Strümpfen in verschiedenen Längen und Mustern an den Füßen zog sie in den Kindergarten. Meiner Vorstellung, farbig aufeinander abgestimmte Kleidung zu tragen, arbeitete Hanna rigoros beim morgendlichen Anziehen entgegen.

Kein Wunder, dass sie die Bücher von Astrid Lindgren, wie zum Beispiel Pippi Langstrumpf, liebte. Einmal hatte ich meiner Tochter Zöpfe geflochten, wie Pippi sie trägt, und wir saßen gerade im Auto, als ich von ihr auf der Rückbank plötzlich den Satz hörte: „Ach, ich bin schon die ganze Zeit am Überlegen, wie ich mein Pferd ins Auto stellen könnte." Sie hatte das Pferd von Pippi in ihrer Vorstellung wohl mitgenommen.

So anschmiegsam, kuschelig und zärtlich auf der einen Seite, so eigenwillig, durchsetzungsfähig und wortgewandt war sie auf der anderen Seite.

Mit drei Jahren saß sie eines Abends in ihrem Kinderzimmer und wollte trotz mehrfacher Aufforderung nicht ins Bett gehen. Nach kurzem Schweigen meinte sie ganz ruhig: „Mama, wir haben ein Problem. Ich meine, ich will noch was bauen, und du meinst, ich soll ins Bett. Na gut. Ich mache einen Vorschlag: Also Mama, du setzt dich hier hin und schaust mir zu und ich baue fertig!"

Was ich immer erinnern werde, waren diese wundervollen Radtouren durch den nahe gelegenen Forstwald. Mein Sohn in seinem gelben Kindersitz hinten auf dem Gepäckträger und Hanna in einem rot-weiß getupften Fahrradsitz vor meinem Lenker. Lauthals sang sie ein Lied nach dem anderen aus ihrem riesigen Repertoire in meine Richtung und schaute mich mit ihren blauen Augen dabei an. Es war Lebensfreude pur.

Später, im Alter von fünf Jahren, radelte sie neben mir auf einem steinigen Feldweg mit ihrem kleinen, rosafarbenen Fahrrad. Völlig unerwartet fuhr sie mir fast in die Speichen meines Vorderrades. Wir verloren für einen Augenblick die Kontrolle, fielen aber nicht hin. Nach diesem kurzen Schreckmoment meinte Hanna ganz gewählt: „Mama, man kann doch sein Leben nicht ausspucken wie einen Kirschkern!" Unzählige Male habe ich Hanna diesen Satz nach ihrem Suizid in großer Verzweiflung zugerufen.

Ihre Wortwahl und die Art, wie sie gelesene Sätze ganz unverhofft im Alltagsgeschehen einbrachte, erstaunten mich immer sehr. Sie konnte ganze Werbesätze und die entsprechenden Szenen aus dem Fernsehen vorspielen, bis den Zuschauern die Tränen vor Lachen rollten.

Abends wirkte sie schon als Kind oft sehr erschöpft und konnte schlecht einschlafen. Sie brauchte dann eine lange Zeit, Nähe und viele Kuscheleinheiten, bis sie schließlich Schlaf fand. Trotz ihres selbstständigen, selbstsicheren und temperamentvollen Auftritts tagsüber suchte sie vor dem Schlafengehen oder auch vor anstehenden Trennungen Nähe und Geborgenheit.

Von Jahr zu Jahr wurde deutlicher: Was Hanna anpackte, gelang ihr rasch und mühelos. Sie malte unglaublich farbenfrohe Bilder. Sie lernte sehr schnell, Flöte und Gitarre zu spielen. Sie liebte es zu reiten. Egal, ob Einrad, Fahrrad, Rollerblades, Skateboard, Jonglieren, Hanna wollte alles lernen, tat dies sehr zielstrebig und führte es mit sehr viel Hingabe aus. Aber sie ließ ihr Können nicht heraushängen und war nicht überheblich.

Was mir allerdings auch auffiel, war, dass Hanna sehr rasch die Laune an etwas verlor, wenn sie es beherrschte. Schon als Kind wanderten Bücher, Spiele oder Puzzles rasch in die Ecke und interessierten sie nicht mehr.

Auf den Tod ihres Vaters, ein erstes aufwühlendes Ereignis, reagierte sie als Fünfjährige verbittert und wütend. Sie zeigte ihre Gefühle und sagte oft voller Enttäuschung: „Der Papa war doch mein Kuscheltier, warum hat er mich allein gelassen?" Dabei weinte sie herzzerreißend, wischte sich dann die Tränen ab und meinte erleichtert: „Aber ich habe was vom Papa, was mir keiner nehmen kann." Dabei tippte sie auf ihre blauen Augen.

Hanna war auch sehr traurig, dass ihre Einschulung, auf die sie so sehr gewartet hatte, ohne den Papa ablaufen musste. Ihre Grundschullehrerin hatte viel Erfahrung mit Kindern und erkannte sehr frühzeitig Hannas hohe Begabung. Meist war Hanna nach ein paar Minuten mit Aufgaben oder Tests fertig und langweilte sich dann. Statt meine Tochter mit zusätzlichen Aufgaben zu beschäftigen, wurde Hanna von ihr ermutigt, Klassenkameradinnen beim Lernen zu helfen. Diese Aktionen verstärkten Hannas Engagement für ihre Mitmenschen.

In Erinnerung ist mir auch Hannas Umgang mit Trennung und Tod. Wenn tote Vögel im Garten lagen oder als ihre Ratte starb, bestand Hanna darauf, dass die Tiere sehr behutsam mit einem Ritual im Garten beerdigt wurden. Sie suchte im Keller nach passenden Kartons und alten Tüchern, um sie darin zu betten. An den kleinen Grabhügeln platzierte sie selbst gebastelte, bunte Herzen, die sie auf Metall-Stäbchen spießte und dann liebevoll in die Erde steckte.

Gymnasialzeit

Beim Übergang von der Grundschule ins Gymnasium waren Hannas Leistungen hervorragend. Sie war sehr stolz und fieberte dem Tag ihrer Einschulung entgegen.

Zeitgleich mit Hannas Schulwechsel änderte sich unsere gesamte Familiensituation. Ich lernte einen sympathischen Witwer, Vater von drei Kindern kennen. Zunächst bemühte ich mich, der Familie nach dem Verlust der jungen Mutter beizustehen. Das Schicksal der Kinder und die Überforderung ihres alleinerziehenden Vaters berührten mich sehr.

Recht bald beschlossen wir, zusammenzuleben, und zwar weniger aus inniger Liebe als aus dem Wunsch, den halbverwaisten Kindern wieder eine stabile Familiensituation zu schaffen, ohne ständig wechselnde fremde Hausangestellte. Wir handelten rasch und waren guten Mutes, obgleich uns durchaus bewusst war, dass unsere Entscheidung eine große Herausforderung bedeutete.

In der neuen Familiensituation blieb Hanna bei ihrer Rolle als „kleine Schauspielerin". Etwas Wichtiges aber änderte sich für Hanna: Sie war in der Großfamilie nicht mehr die Jüngste und bekam nicht mehr die alleinige Aufmerksamkeit als Mädchen. Hanna wechselte mir gegenüber ihre Rolle und wurde zur rücksichtsvollen und verständigen Tochter, die mich nicht zusätzlich belasten wollte. Sie spürte sehr früh, dass ich mit der neuen Familiensituation überfordert war. Mein Partner arbeitete in Vollzeit und war froh, dass seine Kinder wieder einen Mutterersatz hatten. Abends nach der Arbeit wollte er nichts von meinen Sorgen wegen der Kinder hören; er bagatellisierte diese eher und dachte womöglich, ich, die erfahrene Psychotherapeutin, werde die Schwierigkeiten schon in den Griff bekommen. Auch war er gegen meine Versuche, Hilfe von außen – ob Psychotherapie oder Familientherapie – für die anstehenden Konflikte anzunehmen.

Mich entlastete es, wenn meine eigenen Kinder keine zusätzlichen Probleme machten. Wahrscheinlich fehlten dabei vor allem meiner jüngsten Vizetochter und auch Hanna meine Zuwendung und Aufmerksamkeit.

Das kann ich an einem Beispiel verdeutlichen. Eines Tages erklärte Hanna sehr enttäuscht: „Wenn der Fabian eine vier in Latein schreibt, dann lobst du ihn und freust dich riesig. Wenn ich aber mal wieder eine eins in Englisch geschrieben habe, dann meinst du einfach nur: ‚Toll, Hanna, und das war's dann.'" Sie fühlte sich gegenüber ihrem Bruder zurückgesetzt.

Ab ihrem zwölften Lebensjahr sprach sie bis zu ihrem Tod kaum noch mit mir, wenn ich mich jeden Abend an ihr Bett setzte. Sie kuschelte sich an mich, antwortete auch auf Fragen, aber gab emotional nichts von sich preis. Ich ahnte nicht, dass sie nach dem Gute-Nacht-Kuss oft Stunden wach in ihrem Bett lag, grübelte und nicht schlafen konnte. Erschwerend kam in den folgenden Jahren eine Darmkrebserkrankung meiner Schwiegermutter hinzu. Meine Kinder wurden durch eine Abfolge von Todesfällen vertrauter Personen belastet.

Im Herbst 1995 starb ein Lieblingsonkel. Im Dezember 1995 folgte der plötzliche Herztod meiner Mutter. Im Sommer 1996 erlag die andere Großmutter ihrer schweren Erkrankung. Verlust, Abschiede, Beerdigungen und Trauer wollten nicht enden.

Nie werde ich den Augenblick vergessen, an dem ich mit meinen beiden Kindern nach der Beerdigung noch eine Weile am Grab dieser Großmutter stand. Ich drückte die Hände meiner Kinder rechts und links ganz kräftig und erklärte entschieden: „Kinder, Kinder diese vielen Beerdigungen, die hält man ja nicht mehr aus. Ich finde, es reicht. Das ist jetzt unsere Letzte!“ Ich wandte mich mit den Kindern vom Grab ab und sagte: „Lasst uns endlich leben und die Welt entdecken!“

Dabei ahnte ich nicht, dass die schlimmste Beerdigung meines Lebens bereits im Mai 1997 stattfinden würde – die Beerdigung meiner eigenen Tochter.

Hanna platzt aus allen Nähten

Vor dem schrecklichen Entschluss durchlebte meine Tochter eine aufregende Zeit. Sie zog immer häufiger mit ihren Freundinnen los. Oft übernachtete sie bei einer von ihnen und sie wagten gelegentlich kurze gemeinsame Reisen. Sie begann ins Kino zu gehen, wo sie Dracula- und Gruselfilme besonders gerne sah. Hanna sog Bücher, Filme und Musik in sich auf. Musicals blieben ihre große Leidenschaft. Sie las unglaublich schnell und sehr viel; ja, sie verschlang ihre Bücher geradezu. Aber Hanna sog auch immer mehr ungesundes Essen in sich hinein. Über ihre Gewichtszunahme und ihre Menstruation mit elf Jahren war sie nicht begeistert, zumal die Freundinnen ihre Tage erst viel später bekommen sollten.

Auch sonst fiel auf, dass meine Tochter sich in ihrer Haut nicht mehr wohl fühlte. Zum Beispiel kaufte sie weite T-Shirts und übergroße Jeansjacken, um ihre wachsende Oberweite zu verdecken. Morgens schlurfte sie in ihren offenen Turnschuhen, die weißen Schnürbänder in die Seiten geklemmt, zur Schule. Sie wollte nicht mehr frühstücken und klagte manchmal über Bauchweh. Nach der Schule zog sie sich immer rasch in ihr Zimmer zurück und mochte auch nicht mehr an Gesellschaftsspielen teilnehmen. Noch dachte ich: „Na ja, typisch Pubertät."

Nach den vielen Todesfällen und durch die schwere, sowohl berufliche als auch familiäre Beanspruchung wurde ich krank und entschloss mich zu einer dreiwöchigen Kur. Noch bevor ich verreiste, bemerkte ich beim Wäschewaschen, dass Hannas Unterhosen durchgängig blutverschmiert waren. Ich wunderte mich und fragte sie irgendwann, wie oft denn ihre Tage kämen? Sie begann zu weinen und meinte: „Mama, die hören gar nicht mehr auf."

Nach meiner Rückkehr erschrak ich beim Anblick meiner Tochter. Sie war sehr blass und wirkte abgekämpft. Da die Blutungen immer noch nicht regelmäßig eintraten, begleitete ich Hanna beim nächsten Arztbesuch, zumal mir die Ärztin schon beim vergangenen Telefonat berichtet hatte, dass Hannas Verhalten sich sehr verändert habe. Vor allem sei sie verstockt und wenig kooperativ geworden; sie motze herum, zöge beim Gespräch im Behandlungsraum noch nicht mal ihren Anorak aus und lächle kaum noch.

Das stimmte. Seit einem viertel Jahr bemerkte ich Hannas Leistungsabfall im Gymnasium. Hanna erzählte kaum noch, was gerade im Unterricht lief. Ihre frühere Bewegungsfreude war verschwunden. Sie wirkte erschöpft, gereizt und lustlos. Wenn ich an ihre Zimmertüre klopfte, hörte ich, dass sie schnell ein paar Sachen wegräumte, bis ich eintreten durfte.

Im Gespräch mit der Ärztin konfrontierten wir Hanna mit der Vermutung, ob ihr etwas zugestoßen und ihr ein Junge womöglich zu nah gekommen sei. Bei dieser Frage zuckte sie zwar etwas zusammen, verneinte jedoch. Als ich ihr auf dem Heimweg von der Möglichkeit einer Psychotherapie erzählte, lautete ihr kurzes Statement: „Ja, Mama, ich weiß, du nervst!"

Ein befreundeter Gynäkologe riet mir, Hanna ein Hormonpräparat zu geben, damit zunächst die Blutungen aufhörten. Ihr Blutbild zeigte, dass sie bereits an der Grenze zu einer bedrohlichen Anämie stand. Erfreulicherweise ging es ihr schon kurz nach der Einnahme der Hormontablette besser; aber sie blieb verstockt.

Meine Vermutung, dass ein sexuelles Übergriffserlebnis diese schweren Blutungen und ihre nachfolgende Suizidalität ausgelöst haben könnten, war zwar richtig, aber die Bestätigung sollte ich erst nach Hannas Tod bekommen. Anhand ihres Testamentes und zwei ihrer Gedichte, die sie zeitgleich zu ihren Dauerblutungen in ein Heft geschrieben hatte, welches sie vor mir versteckt hielt, konnte ich erst nach ihrem Suizid erkennen, dass Hanna Opfer eines sexuellen Übergriffes geworden war. – In dem Kapitel „Pubertät, eine vulnerable Phase" werde ich ausführlicher auf das Thema sexueller Übergriff bei Kindern und Jugendlichen eingehen.

Ich entschloss mich, die Kliniktätigkeit aufzugeben und meine Arbeit als niedergelassene Fachärztin in eigener Praxis in meinem Haus auszubauen. Da Hannas Zustand sich verbessert hatte, war ich voller Zuversicht und beendete Anfang 1997 meine Arbeit in der Klinik.

Im März folgte der fünfzigste Geburtstag meines Partners. Unvergesslich war für viele der Gäste, wie Hanna unter dem riesigen Buffet mit ihrer besten Freundin Blödsinn machte und die meisten vor Lachen völlig vergaßen, sich das Essen aufzulegen.

Nach diesem Geburtstagsfest wurde am Gymnasium ein Musical aufgeführt, bei welchem sich auch meine beiden Kinder engagierten.

In den folgenden Wochen schloss Hanna oft ihr Zimmer ab. Wenn ich abends Gute Nacht sagte, war alles fein säuberlich aufgeräumt. Ein Foto von Marco [Anm. der Autorin: Name geändert], dem Hauptdarsteller, stand seit der Musical-Aufführung auf Hannas Schreibtisch. Wie ich erst später erfuhr, hatte sich meine Tochter in Marco verliebt, und als dieser in einem Brief klarstellte, dass er als Homosexueller ihre Liebe nicht erwidern könne, brach für Hanna eine Welt zusammen.

Nach der ersten negativen sexuellen Erfahrung hatte sich Hanna wohl unbewusst in Marco verliebt. Mit diesem homosexuellen Mann würde es keine sexuellen Übergriffe geben, war vermutlich ihre Annahme und ist meine nachträgliche Einschätzung aus analytischer Sicht.

Die Tatsache, dass Marco ihre Liebe nie würde erwidern können und obendrein im Begriff war fortzuziehen, führte Hanna – neben anderen Problemen, die sie belasteten – zu dem Entschluss, diese Welt zu verlassen. Eine erneute Trennung und unerfüllte Liebe, wie beim zu frühen Tod ihres Vaters, lösten den tiefen Wunsch in ihr aus, ihrem Vater in den Himmel zu folgen. Wie sehr sie Marco idealisierte, wie sie sich nach seiner Liebe sehnte und wie traurig oder depressiv sie zu diesem Zeitpunkt war, beschrieb sie in mehreren Gedichten, die sie in ihrem karierten Schulheft festhielt. In diesem Heft, das sie aus Sorge, jemand könne darin lesen, immer in ihrem Rucksack mit sich herumtrug, stand alles, was sie beschäftigte.

Früher hatte meine Tochter mit mir über ihre Gefühle, insbesondere über ihre Ängste gesprochen. Vor ihrem Suizid tat sie es nicht mehr. Sie „sprach" in das karierte Heft über ihre letzten Gefühle und Gedanken. Das Heft gab sie, eingepackt in ihren rosafarbenen Rucksack, in der Wohnung ihres Freundes mit den Worten ab: „Bring' mir den Rucksack mit, wenn wir uns wiedersehen." Marco nahm den Rucksack an, öffnete ihn aber erst zwei Stunden später und las von ihren Suizidankündigungen, ihrem Liebeskummer und ihrem sexuellen Übergriff. Er rief mich sofort an. Zu spät. Hanna war bereits tot.

Die folgenden – leicht gekürzten – Texte und Gedichte zeugen von Hannas Liebe, Leidenschaft und Verzweiflung. Sie geben einen Einblick in die Gefühlswelt eines pubertierenden Mädchens.

Mir geht es total schlecht. Ich liebe Marco so sehr, wie ich noch keinen Jungen geliebt habe. Ich habe eigentlich noch nie einen Jungen richtig geliebt. Ich weiß nicht, ob ich weiß, was Liebe ist. Ich bin ja noch so jung. Aber wenn es keine Liebe ist, was ist es dann. Ich denke den ganzen Tag nur an ihn. Ich möchte ihn so gerne wiedersehen.
Warum lebe ich überhaupt? Was nütze ich diesem Planeten? Wenn ich nicht geboren wäre, würde mich auch keiner vermissen. Sie wüssten gar nicht, dass es mich gäbe. Dann würde ich nicht über Marco nachdenken. Dann würde ich überhaupt nicht denken oder existieren. Aber es kann doch nicht einfach nichts sein. Ich hätte gute Lust, mich umzubringen. Ich bin oft

so verzweifelt. Ich kann nicht mehr leben ohne Marcos Liebe. Warum ist er nur schwul. Ich kann es mir gar nicht richtig vorstellen.

Liebeskummer

Die Liebe ist so wunderbar.
Fast zu schön, als wär' sie gar nicht wahr.
Doch wenn die Liebe hoffnungslos ist,
Man die Zärtlichkeit sehr vermisst.
Man kann nur noch an den anderen denken.
Möchte ihm sogar sein Leben schenken.
Es können noch so viele um einen sein.
Man bleibt mit der Trauer immer allein.
Gegen Liebeskummer gibts kein Medikament.
Zumindest keines, das Jemand kennt.
Man fühlt sich tot den ganzen Tag,
Als läge man schon im eigenen Sarg.
Doch einmal ist jeder Kummer vorbei.
Dann ist man von allen Sorgen frei.
Bis dahin verkriecht man sich in seinen Raum,
Das Happy End bleibt oft nur ein Traum.

Hopelessly devoted to You

Ich habe alle Hoffnung aufgegeben,
Schon abgeschlossen mit dem Leben.
Die Hoffnung ist so einfach verflogen,
Waren alle Versprechen gelogen?
Viele Tage warte ich schon,

Doch niemals klingelt das Telefon.
Die Musik dröhnt in meinen Ohren,
Ich fühle mich hier so verloren.
Wie gerne wär' ich jetzt bei Dir.
Wie gerne hätte ich Dich hier bei mir.
Gegenseitig in den Armen liegen,
Sich lieblich in den Schlaf zu wiegen.
In den Nächten liege ich schlaflos da,
Meist wünschte ich, es wäre nicht wahr.
In Gedanken bin ich in meiner Welt.
Möchte wissen, wie man sich jetzt verhält.
Spiele mit Gedanken das Leben zu nehmen
Sollte ich mich dafür schämen?

Meine Liebe zu Dir

Sie macht mich völlig fertig hier,
Der ständige Wechsel von Tag und Nacht
Hat mich schon verrückt gemacht.
Die Tage sind immer die gleichen,
Kann man dem Leben nicht ausweichen,
Kann mein Leben nicht einfach enden?
Wozu soll man mich verwenden
Zu meinem Vater will ich wieder.
Hier sinke ich doch immer nieder.
Wenn Gott mich nicht zu sich holen will,
Sterbe ich alleine, ganz still.

Es spitzt sich zu

Zurück zu den letzten Begebenheiten in den Tagen vor Hannas Suizid.

Mein Partner saß, seine Jüngste auf dem Schoß, auf der Wohnzimmercouch, während ich mit meiner Tochter auf dem Boden lag. Ich wollte Hanna, die in jüngerer Zeit ja wenig von sich preisgab, ein bisschen necken und damit aus der Reserve locken. Ich kitzelte sie und dabei rollten wir auf dem Boden herum. Plötzlich fiel ein kleiner weißer Zettel aus Hannas Hosentasche. Spielerisch hob ich ihn auf, hielt ihn in die Luft und fragte: „Oh, was haben wir denn da?" Zunächst lachten wir alle vier, doch als ich dann den Text lesen wollte, wurde meine eben noch so vergnügte Tochter sehr wütend, riss mir den Zettel aus der Hand und lief Hals über Kopf aus dem Zimmer. Wir drei Zurückgebliebenen schauten uns fragend an und mein Partner meinte nur: „Was war das denn jetzt?" Wenig später ging ich hoch und klopfte an Hannas Zimmertür. Sie saß auf dem Boden und neben ihr lag ein Haufen beschädigter hölzerner Schlagzeugsticks, die ihr Bruder, ein leidenschaftlicher Drummer, ausrangiert hatte. Ich setzte mich zu ihr und fragte, was denn eben los gewesen sei. Motzend, mit dem Blick zum Boden gesenkt sagte sie: „Das war ein Gedicht und keiner soll es lesen!" Ich wollte gerade sagen, wie schön ich ihre Gedichte fände, doch da griff Hanna schon nach einem Schlägel und brach ihn mit ungeheurer Kraft in der Mitte durch. Ihr Gesichtsausdruck war dabei so wütend, dass ich erschrak. Dann nahm sie den nächsten Drumstick und zerbrach auch den.

Hanna hielt ihren Schmerz nicht mehr aus. Und ich als Mutter bekam keine Möglichkeit, meine Tochter von ihrem Entschluss abzubringen. Sie konnte sich wohl nicht vorstellen, dass ich und ihre Familie ihr helfen oder dass eine Therapeutin ihren Schmerz lindern könnte. Eine positive Lebensentwicklung lag für sie unerreichbar fern. Ihre Uhr sollte abrupt stehen bleiben. Es blieb keine Chance für ein Weitergehen, noch nicht mal ein Versuch. Sie behielt ihre Schreie für sich, wie sie dies in dem folgenden Text niedergeschrieben hat:

Der Schrei

Dort ist ein Schrei, der im Herzen beginnt
Ein lautloser Schrei, den niemand wahrnimmt.
Es ist der Schrei meiner tiefsten Sehnsucht,
Er entspringt in mir mit sehr viel Wucht
Doch kommt er nie aus mir heraus,
Er fühlt sich sicher, ich bin sein Haus
Und wenn ich schreie, bringt mich das zu Dir
Nein nie. Es gibt niemals das Wir.
Also schließe ich den Mund und behalte die Schreie.
Die Schreie in mir, die ich niemals befreite.

Die letzten Stunden vor Hannas Tod

Es war Donnerstag und herrliches Frühlingswetter. Vor dem Haus blühte der gelbe Forsythienbusch. Der erste warme, sonnige Tag im Jahr weckte in mir Gelüste nach Eis. Gegen 15.00 Uhr fragte ich die Kinder spontan, wer Lust hätte, mit mir Eis essen zu gehen. Hanna, ihr Bruder und die Jüngste sagten sofort zu. Hanna kam in die Küche und legte mir ihren Arm von hinten um die Taille und ich strich über ihr Haar. Ich ahnte nicht, dass dies unsere letzte Berührung war – für immer und ewig.

Als wir wenig später ins Auto stiegen, war meine Tochter nicht dabei. Ich wunderte mich, aber mein Sohn Fabian sagte, Hanna sei inzwischen zu ihrer Freundin gegangen, die kurz vorher angerufen habe. Schon wieder hatte Hanna gelogen. Tatsächlich ging sie mit ihrem rosafarbenen Rucksack zum Bus. Eine Nachbarin sah sie an der Haltestelle und fragte, ob sie mit ihr fahren wolle. Aber meine Tochter lehnte, wie ich später erfuhr, freundlich ab und stieg in den Bus, der kurz darauf ankam. Es ging damals um Sekunden, denn ich bog mit dem Auto um die Ecke und folgte diesem Bus unmittelbar, ohne allerdings zu ahnen, dass meine Tochter darinsaß. Wäre ich eine Minute früher losgefahren, dann hätten wir sie noch an der Haltestelle gesehen und gemerkt, dass sie keineswegs bei ihrer Freundin war.

Bis heute weiß ich nicht, warum ich diesem Bus, wie von einer magischen Kraft angezogen, folgte. Erst als mein Sohn rief: „Mama, wir wollen doch in die Stadt, der Bus fährt doch Richtung Schule“, änderte ich in letzter Minute die Fahrtrichtung. Während wir wenig später beim Italiener vergnügt das Eis schleckten, fuhr Hanna zu Marco. Sie brachte ihm ihren Rucksack, wie sie dies in ihrem Heft notiert hatte, verabschiedete sich und nahm dann den Weg zu den offenen Gleisen eines Nahverkehrszuges.

Auf diesem Weg haben Freunde, die auf dem Platz nahe dem Gymnasium Fußball spielten, sie in ihrem roten Anorak gesehen und gefragt, ob sie nicht mitspielen wolle. Hanna aber lehnte ab, winkte freundlich und ging weiter.

Ungefähr 600 Meter von diesem Fußballplatz entfernt liegt eine Brücke zum Überqueren der Gleise. Kurz davor lief Hanna ein Stück durch das Feld und dann eine Böschung hinab. Es war 17 Uhr, und ich war inzwischen mit den anderen zwei Kindern aus der Stadt zurückgekehrt. Wie mir Augenzeugen später berichteten, habe der Zugführer Hanna an der Böschung stehen gesehen, ein Pfeifsignal gegeben und den Zug abgebremst. Daraufhin sei meine Tochter ein Stück zurückgetreten und der Lokführer habe den Zug wieder beschleunigt. In diesem Moment sei Hanna sehr entschlossen erneut an das Außengleis getreten. Ihre Entscheidung stand fest und keiner sollte eine Chance bekommen, sie von dieser Tat abzuhalten.

Es war das Ende eines kurzen Menschenlebens. Das Ende der Biografie meiner Tochter.

Die Zeit nach dem Suizid

In den folgenden Abschnitten möchte ich den Leser*innen verdeutlichen, wie sich die Zeit für die betroffene Familie und deren soziales Umfeld nach dem Suizid eines Kindes abspielt. Ich erachte dies für wichtig, denn nur so können andere Betroffene oder Menschen, die sich mit dem Thema auseinandersetzen wollen, nachvollziehen, dass es ein Danach gibt und das Leben für die anderen unaufhaltsam weiterläuft, wenngleich das Gefühl vorherrscht, die Welt ist soeben stehen geblieben. Viele Betroffene erleben diese Zeit wie in einer Schockstarre, und es fällt ihnen schwer, darüber zu berichten. In späteren Gesprächen sollte über diese folgenden Ereignisse und die aufkommenden Gefühle jedoch offen kommuniziert werden. Auch hier geht es nicht um eine Selbstdarstellung meiner persönlichen Erlebnisse, sondern um einen Aufruf, genau hinzuschauen, sich mit den eigenen schlimmen Erfahrungen nicht völlig allein zu erleben und die Scheu zu überwinden, über das Erschütternde zu sprechen. Es ist auch wichtig erfahren zu können, was in solchen schmerzlichen Momenten guttut und was besser nicht getan werden sollte. Ob Polizist, ob Seelsorger, ob Nachbar, ob Freund, ein jeder kann plötzlich in einer solchen Situation gefordert sein. Dann ist es gut, über Dos and Don'ts Bescheid zu wissen.

Die Todesnachricht

Die Todesnachricht erhielt ich gegen 17.15 Uhr. Ich telefonierte gerade mit einem Kollegen, als es an der Haustür klingelte. Die Älteste öffnete und kam ganz betroffen zu mir. „Chrissi, es ist die Polizei!" Ich legte rasch auf und bekam rasendes Herzklopfen.

„Haben Sie eine Tochter, Hanna?"

Aufgeregt stellte ich die Gegenfrage: „Ja, was ist passiert? Hat sie etwas angestellt?"

Ich hätte die Fragen gar nicht mehr zu stellen brauchen, denn die Betroffenheit in den Gesichtern der beiden Beamten sagte mir, dass etwas Schreckliches geschehen sein müsse.

„Wir kommen gerade von der Bahnlinie, und bringen ihnen die traurige Nachricht: Ihre Tochter ist tot."

Ich erstarrte und schrie den Namen meines geliebten Kindes, „Hanna", so laut, wie ich noch nie in meinem Leben geschrien habe – ein verzweifelter Schrei voller Schmerzen brach aus mir heraus, als ob mein Innerstes nach außen durchbrechen wollte.

Da die Beamten annahmen, es gäbe vielleicht einen Abschiedsbrief, lief ich die Treppe zu Hannas Zimmer in den zweiten Stock hinauf. Immer wieder rief ich ihren Namen, als ob ich sie dadurch zurückholen könnte. Auf jeder Etage standen die übrigen Kinder, jedes wie erstarrt, und blickten mir verstört entgegen.

Die Beamten fanden nichts im Zimmer meiner Tochter; sie fragten noch, ob mir irgendetwas an ihrem Verhalten aufgefallen sei. Ich verneinte es und äußerte leise, dass vielleicht Liebeskummer ihr Grund gewesen sei. An der Haustüre fragte einer der Männer noch, ob ich Hilfe brauche. Als ich den Kopf schüttelte, meinte er fast erleichtert: „Ach ja, Sie sind ja vom Fach." Ich hatte den Eindruck, die Beamten fühlten sich entlastet, diesen schrecklichen Besuch glimpflich hinter sich gebracht zu haben.

Kaum hatten sich die Polizisten verabschiedet, da klingelte erneut das Telefon und Marco war am Apparat. Er berichtete, dass Hanna ihren Rucksack bei ihm abgegeben und gesagt habe, er solle ihn ihr mitbringen, wenn sie sich wiedersähen.

Er ergänzte noch, Hanna habe auf keinen Fall gewollt, dass er mir den Rucksack brächte. Doch habe sich meine Tochter so merkwürdig angehört, dass er sich Sorgen um sie mache. Was für ein Wahnsinn, dachte ich und sagte, „Es ist zu spät. Sie hat es schon getan.“ Dann forderte ich ihn auf, mir den Rucksack zu geben: „Es ist das Letzte, was ich noch von ihr habe.“

Die Familie kam dann im Wohnzimmer zusammen, die Kinder schauten mich fragend an und wir standen alle unter Schock. Urplötzlich, ohne Rücksicht, ohne Schutzmöglichkeit brach diese Nachricht von Hannas Selbsttötung in unser Leben.

Ich legte mich auf die Couch und sprach nur immer wieder die gleichen Sätze: „Hanna, Hanna, ich kann es nicht fassen, ich kann es nicht fassen. Meine Tochter, mein Kind. Ich kann es nicht fassen.“ Die Kinder und mein Partner saßen dabei und waren sehr still, selbst der Hund blieb ruhig liegen. Irgendwann schlichen sie einer nach dem anderen aus dem Zimmer.

Meine Ärztin kam sofort aus ihrer Praxis, nachdem die Polizei sie telefonisch über den Suizid meiner Tochter informiert hatte und sie zu einer Inspektion der Toten in die Pathologie gebeten hatte. Sie saß still neben mir und legte den Arm um meine Schulter. Nun begleitete sie mich auch noch durch die Trauer um Hanna, nachdem sie bereits den Tod meines Mannes vor sieben Jahren miterlebt hatte.

Erinnerungen an die ersten Tage nach dem Tod meines Kindes fehlen mir. Es gibt Lücken und bis heute Fragen. Meine Wahrnehmung war eingeschränkt durch die traumatische Nachricht, die mich völlig überrumpelt traf.

Nach und nach kamen die Kinder wieder ins Erdgeschoss und schlichen hintereinander in die Küche zum Kühlschrank. Ich nannte diesen Weg immer „die Ameisenstraße“. Es war Abendessenszeit und alle hatten Hunger.

Ein Testament

Mein Lebensgefährte fuhr mich zur Wohnung von Marcos Mutter, da ich unbedingt rasch Hannas Rucksack in meinen Händen halten wollte. Nach meiner Rückkehr blätterte ich die Seiten eines Schulheftes mit karierten Seiten durch. Ihre Handschrift war mir so vertraut. Dann begann ich, die bewegenden Gedichte durchzulesen. Sie handelten von Hannas Zerrissenheit zwischen Sehnsucht nach ihrem Marco, Liebe zu ihrem Vater, Verletzung durch den sexuellen Übergriff und ihren Suizid-Fantasien. Ich musste so sehr weinen, dass ich nicht mehr lesen konnte. Es war zu traurig, diese unglaubliche Ausdrucksfähigkeit einer erwachsen wirkenden Dichterin zu erleben und gleichzeitig die Verzweiflung eines von Liebeskummer geplagten pubertierenden Mädchens. Ich hätte sie zu gern in den Arm genommen, um sie zu halten, zu trösten, ihr zu erklären, warum derartige Gefühle in der Pubertät so heftig auf junge Menschen hereinbrechen. Ich hätte ihr das Vertrauen vermitteln wollen, dass Liebeskummerkrisen vorübergehen können. Ich hätte ihr versichern mögen, wie sehr ich sie liebe und was für ein wundervoller Mensch sie ist. Aber nichts war mehr möglich. Es war vorbei. Es gab kein Zurück. Nichts ist so endgültig wie der Tod. Ich schloss das Heft und da sah ich erst auf der letzten Seite eine Art Testament, welches ich fassungslos mehrfach durchlesen musste, und in dem sie akribisch aufzählte, welches Kuscheltier, welche Pflanze aus ihrem Zimmer oder welches Erinnerungsstück für welche Freundin vorgesehen sei.

Hier ein paar kurze Zitate aus dem Testament.

> *Tina, bitte sei nicht traurig und mach aus Deinem Leben mehr als ich! Schreibe weiter Gedichte! In Dir steckt ein Dichter …*

Es tut mir leid, aber ich musste es tun. Eine Hanna ohne Marco, ist keine Hanna. Ich kann nicht in einer Welt leben, ohne die Liebe von Marco …

Herr L., Sie sind der beste Lehrer, den man sich vorstellen kann! Sie waren nicht nur ein Lehrer, Sie waren ein Kumpel. Grüßen Sie Ihre Hunde. Weiter so!

Sag meiner Mutter, sie soll nicht traurig sein. Sie wird mich mit meinem Vater und meinen Omas wiedersehen. Sie war eine gute Mutter, auch wenn ich sie es nie so ganz merken lassen habe.

Streitet auch nicht. Vergesst mich nicht. Ich lebe weiter. Ich werde immer bei Euch sein, denn wahre Freunde behält man immer im Herzen.

Manchmal gibt es Dinge, die man tun muss, weil man sonst kein Mensch, sondern nur ein Häuflein Dreck ist! Bussi Hanna xxx

Die einzige Erinnerung, die ich an jenen Abend habe, sind meine fürchterlichen Nackenschmerzen. Gleichzeitig sah ich immer wieder das Bild meiner Tochter vor mir, die ihren Körper, der mir so vertraut war, auf das Gleis legte. Und dann sah ich – eine fast unerträgliche Vorstellung – einen Zug über ihren Nacken rollen. Dieses Bild setzte sich als hartnäckig quälender Schmerz in meinem Nacken fest, bis ich drei Wochen später eine Traumatherapie in Holland machte.

Die Tage danach

Wenn ich heute zurückblicke, frage ich mich immer wieder, wie ich die folgenden Wochen überstanden habe. Jedenfalls waren es Tage, in denen ich das Alltägliche verrichtete und irgendwie funktionierte.

Am ersten Morgen nach Hannas Tod empfand ich eine bleierne Müdigkeit; meine Schultern und der Nacken fühlten sich wie versteinert an und schmerzten ununterbrochen. Was sich tags zuvor ereignet hatte, kam mir vollkommen unwirklich vor. Immer wieder musste ich mir selbst sagen: „Hanna ist tot."

Alle alltäglichen Verrichtungen – Zähneputzen, Duschen und Anziehen, Treppensteigen – verliefen automatisch und in Zeitlupentempo. Außer meinem Nacken und den Schultern fühlte sich mein Körper weich, fast taub und konturlos an. Ich reagierte völlig schreckhaft auf jeden Menschen, der im Raum auftauchte. Obwohl meine Wahrnehmung eingeschränkt war, reagierte ich äußerst lärmempfindlich. Aber ich funktionierte irgendwie, wenn auch sehr mechanisch.

Der Hund wedelte mir freundlich entgegen und wollte Gassi gehen. Ich setzte mich auf die Couch und wusste: Nein, das geht nicht. Ich gehe nicht vor die Haustür. Wenn mich irgendjemand trifft, womöglich anspricht, das halte ich nicht aus. Doch der Hund ließ nicht locker. Da begann ich schließlich, mit mir selbst zu sprechen: „Christiane, du gehst jetzt mit dem Hund Gassi, wie jeden Morgen. Wenn du es jetzt nicht tust, machst du es morgen auch nicht." Obwohl ich weiche Knie hatte, raffte ich mich auf, nahm die jaulende Ronja an die Leine und drehte die übliche Runde um unseren Häuserblock. Zum Glück begegnete mir niemand. Erleichtert über diesen ersten Schritt deckte ich den Frühstückstisch fertig. Die

Kinder kamen nach und nach, um in die Schule zu gehen. Zwar hatte ich ihnen vorgeschlagen, zu Hause zu bleiben; aber zwei hatten eine Klassenarbeit zu schreiben und wollten nicht fehlen.

Mehrfach hatte ich an diesem Morgen das Gefühl, Hanna sei noch da, käme gleich zur Küche herein, legte mir ihre weiche Hand um die Taille und sagte „Na, Mama?"

Aber nein, Hanna kam nicht; sie kam nie mehr. Stattdessen rief die Freundin an, mit der sie jeden Morgen zur Haltestelle lief und mahnte, wenn Hanna nicht bald käme, würden sie den Bus versäumen. Ich konnte nur entgegnen: „Hanna kommt nie mehr. Sie ist tot!"

Kurz darauf meldete sich die Mutter dieser Freundin telefonisch, um zu erfahren, was geschehen sei; sie habe meine Tochter doch gestern noch an der Bushaltestelle gesehen und ihr angeboten, sie in die Stadt mitzunehmen, was diese allerdings kopfschüttelnd abgelehnt habe.

Oft habe ich mir und anderen an den folgenden Tagen die Frage gestellt, warum kein Mensch Hanna von ihrem Schritt abgehalten hat. Hatte sie keinen Schutzengel? So blicke ich auch jetzt beim Schreiben noch einmal auf die Ereignisse kurz vor dem Tod meiner Tochter zurück. Stück für Stück konnte ich durch die eintreffenden Nachrichten ein Puzzle vom gesamten Hergang zusammensetzen. Dadurch musste ich leider erkennen, dass tatsächlich mehrere Menschen Hanna noch begegnet waren. Sie war durchaus nicht allein, sie hatte ihre Freundinnen und hatte ihre Begegnungen mit Menschen, die sie liebten; aber ihr Entschluss stand fest. Keine*r erhielt die Chance, ihren grausamen Schritt zu verhindern.

Einen Tag vor ihrem Tod hatten, wie ich nachträglich erfuhr, drei Klassenkamerad*innen mit Hanna an der Bahnlinie gespielt. Das Spiel hieß: Wer hält es am längsten auf den

Gleisen aus, wenn der Zug kommt? Das erzählt natürlich kein Kind zu Hause. Es handelte sich schließlich um eine geheime Mutprobe, die seit langer Zeit in der Nähe des Gymnasiums stattfand. Eine Freundin meiner Tochter hatte am Abend zuvor aber ihrer Mutter berichtet, Hanna habe ihr erzählt, dass sie sich umbringen wolle, allerdings nicht wisse, wie man an eine Pistole käme. Das habe diese Mutter alarmiert. Ihrer Tochter gegenüber kündigte sie an, sie werde mich anrufen, falls Hanna so etwas noch einmal äußere.

Jede solcher Mitteilungen sog ich auf, um mir ein Bild vom Geschehen zu machen. Die Informationen gingen ungefiltert in meinen Kopf hinein, allerdings auch gleich wieder hinaus, denn ich hörte zwar zu, aber das Gesagte gewann keine Bedeutung für mich.

Stattdessen stellte ich völlig irreale Überlegungen an. Vielleicht gibt es irgendwo in dieser Welt doch schon ein Chirurgenteam, das einen abgetrennten Kopf mit dem Rumpf verbinden kann. Irgendjemand musste Hanna doch wieder zusammenfügen können. Ich konnte den Gedanken, dass sie tot war, einfach nicht ertragen. Plötzlich kam mir die Idee, dass es sich um eine Verwechslung handeln müsse, dass das tote Mädchen gar nicht meine Hanna war – eine Verwechslung, so etwas kam ja vor. Gleich darauf verwarf ich diese Möglichkeit und gab mir gegenteilige Antworten: Es ist Hanna und sie ist tot. Du musst sie innerlich wieder zusammenfügen; ihre Seele ist vielleicht noch in der Nähe und fliegt ums Haus, ihre Seele ist nicht zerrissen, ihre Seele ist ganz. Dann betete ich und sagte zu meinem schon vor Jahren verstorbenen Mann: „Bitte Franz, bitte lieber Gott, kümmert euch um ihre Seele. Nehmt sie auf!"

Dieser Gedanke beruhigte etwas, trotzdem schüttelten Weinkrämpfe dann meinen Körper. Wenn die Kinder oder mein Partner kamen, versuchte ich, mich zusammenzureißen. Ich fragte sie, gewissermaßen gewohnheitsgemäß, wie es in der Schule war, ob die Arbeit schwer war, oder ob sie hungrig seien. Was sie antworteten, war mir völlig gleichgültig. Mein Kopf war wie ein Sieb. Zum Glück konnte ich zwischendurch auf der Couch etwas schlafen. Wenn ich aufwachte, musste ich mir sofort wieder sagen: „Hanna ist gestorben. Sie kommt nie mehr. Meine Hanna. Mein Kind."

Der Pfarrer und die Beerdigung

Am Samstagabend kam der katholische Pfarrer ins Haus. Sehr einfühlsam und herzlich war diese Begegnung. Just drei Tage nach dem Suizid war die Kommunion der jüngsten Tochter geplant und die Verwandten waren eingeladen. Natürlich fragten alle nach, ob das Fest tatsächlich stattfinden werde. Hannas Geschichte ging also schon wie ein Lauffeuer in der Gemeinde herum. Meine Antwort war eindeutig und klar: „Die Kommunion ist geplant und nur, weil Hanna sich umgebracht hat, wird das Fest nicht ausfallen." Ich dachte dabei wohl nur an das Kommunionkind, nicht ahnend wie schwer jener Sonntag für mich werden würde.

Unsere Jüngste sah so hübsch aus im weißen Spitzenkleid, dem feinen Haarkranz und den weißen Lackschuhen. Die lange Kerze in der Hand schritt sie mit den anderen Kommunionkindern nach vorn; ihr Vater und ich begleiteten sie, bis sie sich gesetzt hatte. Da ich spürte, dass es mir allzu schwerfallen würde, diese Zeremonie durchzustehen, verschwand ich in die letzte Reihe.

Als der Pfarrer in seiner Predigt erwähnte, dass die Heilige Kommunion ein freudiges Fest sei mit gutem Essen, vielen

Verwandten und tollen Geschenken, dass es jedoch nicht in allen Familien so fröhlich zugehe, es auch viel Leid gäbe und eine Familie sogar um ihr Kind trauere, da zerriss es mich. Tränenüberströmt lief ich aus der Kirche und ließ meinen Gefühlen freien Lauf.

Eigentlich fand ich es sehr gut, dass der Pfarrer Hannas Tod erwähnte. Dadurch fühlten wir uns mit Trauer und Leid einbezogen in die festlich gestimmte Gemeinde, und ich fühlte mich mit meinem Schmerz gesehen. Gleichzeitig war da diese fatale Spannung zwischen zwei Gedanken. Der erste: „Gott sei Dank meine Vizetöchter leben weiter, eine feiert ihre Kommunion und beiden steht die Zukunft offen." Dann der zweite: „Für Hanna gibt es keine Zukunft. Sie bleibt für immer 13 Jahre alt. Sie wird nie mehr bei uns sein." Alles, was ich mir als Mutter für dieses wunderbare Kind gewünscht hatte – Glück, Gesundheit, Freundschaften, ihre Konfirmation, die Tanzstunde, der Abiturball, vielleicht ein Studium und später eine eigene Familie – sollte niemals Wirklichkeit werden. Hannas Lebenslinie war unwiderruflich zerrissen. Sie war für immer von uns gegangen.

Mein eigener Lebensweg kam mir nun vor wie abgebrochen. Ich stand wieder vor einem Abgrund wie damals beim Tod meines Mannes, nur noch viel, viel schlimmer. Ich wusste, das Leben kann nach Hannas Tod nie mehr so weitergehen wie zuvor.

Aber irgendwie ging mein Leben weiter, und das wollte ich auch, denn da waren noch mein Partner, mein Sohn und die drei angenommenen Kinder, die alle ihren Platz in meinem Herzen hatten. Trotz dieser Einsicht sehnte ich mich nur noch nach meiner Tochter. Darüber schwieg ich gegenüber den anderen Kindern, darüber zu sprechen hätte sie zu sehr kränken können und sie hätten den Eindruck bekommen, ich zöge ein totes Kind den lebenden Kindern vor. Schließlich waren ja alle Kinder völlig unschuldig an diesem Elend, das war mir trotz meines Schmerzes klar. Und alle hatten schon so kämpfen müssen, den Verlust eines Elternteiles zu verkraften. Die Jüngste kannte mich inzwischen schon länger als ihre leibliche Mutter; sie sah mich als ihre Mama an.

Hanna wäre im kommenden Jahr konfirmiert worden. Sie hatte ihre etwas ältere Freundin beneidet, die bereits im April ihre Konfirmation und das heilige Abendmahl feiern durfte. Verbotenerweise schmuggelte sich Hanna vier Wochen vor ihrem Tod in den Abendmahl-Kreis der Freundin hinein und erhielt dadurch ein Jahr früher ihr erstes und letztes Abendmahl. Im Nachhinein wurde mir klar, dass sie diese Aktion bereits in ihr Abschied-Szenario eingeplant hatte. Ich schimpfte damals mit ihr, weil ich ihr Verhalten ungehörig fand. Sie schämte sich daraufhin und war ganz kleinlaut. Heute muss ich lächeln, denn Hanna vermittelt mir von ihrem jetzigen Platz aus die klare Botschaft: „Mama, ich habe das heilige Abendmahl empfangen, bevor ich starb. Es war mir wichtig."

Da der evangelische Pfarrer so steif und wenig emphatisch auf die Nachricht von Hannas Suizid reagiert hatte, beschloss ich, den netten katholischen Pfarrer zu fragen, ob er die Predigt bei der Beerdigung meiner Tochter halten könne. Er stimmte sofort zu, was ich ihm bis heute hoch anrechne, denn ich wusste von den eigenartigen Vorurteilen und Theorien, die in unserer Gesellschaft in Bezug auf Suizid grassieren. Es ist noch nicht allzu lange her, dass man Selbstmörder*innen gar nicht kirchlich beerdigen durfte. Deshalb tat es mir besonders gut, einen einfühlsamen Geistlichen ohne Vorurteile an der Seite zu spüren, der mich und die Familie während der bevorstehenden Trauerfeier begleiten wollte.

Die Beerdigung meiner Tochter rückte immer näher.

Es kamen schließlich so viele Menschen zur Trauerfeier für meine Tochter, dass die Türe der Aussegnungskapelle offen bleiben musste. Den Ablauf der Beerdigung wollte ich gemeinsam mit meiner Familie planen und es war im Grunde unser erster gemeinsamer Trauerschritt. Ich hatte alle Kinder und meinen Partner gebeten, für Hanna zur Trauerfeier je ein Musikstück auszusuchen, wobei sehr berührende Lieder genannt wurden. Hannas Bruder wählte *„Stairway to Heaven"* von der Band Led Zeppelin. *„Tears in Heaven"* von Eric Clapton suchte mein Vizesohn gemeinsam mit mir aus. Dieses Lied hatte Clapton nach dem frühen Verlust seines zweijährigen Kindes komponiert, das aus einem Fenster gestürzt war. Es verbindet mich bis heute mit den vielen trauernden Eltern dieser Welt, und der Text berührt mein Herz zutiefst, wenn es im Radio gespielt wird. Auch das Adagio von Bach *„Alla Siciliana"*, gespielt von James Galway auf der Querflöte, zum Ausklang der Trauerfeier hat alle sehr bewegt.

Es war traurig und trotzdem tat es gut, nicht allein weinen zu müssen. Ich starrte immer auf Hannas blauen Sarg und sprach innerlich mit mir: Da liegt deine Tochter drin, es kann nicht sein, war alles umsonst? Warum hat sie nur so wenig an mir, an uns und an dieser Welt gehangen. Der arme Fabian hat jetzt nicht nur den Vater, sondern auch seine einzige leibliche Schwester verloren. Dann erblickte ich die vielen zu einem Herzen geformten Teelichter und dachte an die Musicals, an das große Herz auf dem Poster von „Grease". Ein Stück aus diesem geliebten Musical wurde auch gespielt. *„Love Is A Many Splendored Thing"*.

Überall in der Kapelle leuchteten große gelbe Sonnenblumen. Sie erinnerten mich an Hannas Gesicht, wenn sie fröhlich war – eben mein Sonnenschein. Ein Foto, welches wir gemeinsam in der Familienrunde ausgesucht hatten, stand neben ihrem Sarg. Es war eine Schwarzweiß-Aufnahme, wenige Wochen alt und mein Kind schaute darauf so traurig aus. Das Licht von hundert Teelichtern, die in einer Herzform von roten Rosenblättern angeordnet waren, erhellte mit weiteren großen Kerzen den Raum. Es herrschte eine erdrückende Stille und es roch nach einer Mischung aus Kerzenwachs und Sonnenblumen.

Der Pater begann eine kurze Predigt mit den Worten: „Die Hanna ist tot. Die Hanna ist tot. Mein Gott die Hanna ist tot!“ Er rief die Worte in die kleine Halle hinein und mehr Worte hätte es für mich nicht gebraucht. Ich erinnere mich außerdem nur noch an die Lieder und an die Rede meines norwegischen Kollegen Stein Husebø aus Bergen, der als letzten Eindruck von Hanna die Episode mit meiner Tochter und deren Freundin unterm Geburtstagsbuffet im März desselben Jahres berichtete. Währenddessen starrte ich auf den blauen Sarg und sagte mir immer wieder: „Da ist meine Tochter drin. Meine Hanna ist tot.“

Geschwister trauern nach Tod durch Suizid

Auch im Folgenden will ich mit dem Beispiel meiner eigenen Familie andere betroffene Eltern ermuntern, sich diesem schwierigen Thema Geschwistertrauer nach einem Suizid zu öffnen. Vielleicht nicken Sie beim Lesen bestätigend oder reflektieren darüber, wie es in Ihrer eigenen Familie nach dem Tod Ihres Kindes mit den übrigen Kindern weiterlief. Wurden Ihre Kinder unsicherer, fielen sie in ihren Schulleistungen ab, wurden sie angepasster und versuchten sie die Familiensituation zu stabilisieren? Häufig wird die Trauer der Geschwisterkinder nicht wahrgenommen, da die Trauer der Eltern im Vordergrund steht.

Ich beschränke mich auf die Trauer der Geschwister nach Hannas Tod in der Familie insgesamt und werde nicht auf die einzelne Trauerreaktion jedes Kindes eingehen. Es ist mir aber wichtig zu erwähnen, dass aufgrund der eigenen Biografie und der jeweiligen Position in der Familie jedes Kind seinen individuellen Trauerprozess durchläuft.

Ich gehe davon aus, dass nach Hannas Suizid bei den übrigen Geschwistern das Vertrauen in die Welt und in sich selbst zunächst tief erschüttert war und der unnatürliche, schockierende Tod sie sehr unterschiedlich, aber schwer belastete.

Was ich in allen Phasen der Trauer in unserer Familie erlebte: „Kinder trauern anders als Erwachsene."

Ich hatte manchmal den Eindruck, dass Hannas Tod den Kindern gar nicht sehr nah ging. Das entstammte meiner falschen Annahme, dass sie genauso trauern würden, wie ich es tat. Meine Kinder trauerten zu einer anderen Zeit, mit größeren Pausen und mit einer anderen Intensität. Sie hatten einfach Pausen, in denen sie tobten, lachten und sich stritten, eine Lebendigkeit, die ich manchmal in meiner Trauer kaum ertrug, die mich aber letztendlich wieder ins normale Leben führen sollte.

Obwohl meine Kinder alle recht wortgewandt waren, hatten sie anfangs Schwierigkeiten, ihre Gefühle in Worte zu fassen. Im Rückblick hinterfrage ich allerdings diese Wahrnehmung. Vielleicht verschwiegen sie ihre Gefühle, um mich nicht zu verletzen.

Schließlich erlebte ich Aussagen, dass sie enttäuscht und wütend auf Hanna waren wie einen Stich ins Herz. Ich konnte zwar in meiner Antwort Verständnis für ihre Gefühle äußern, dennoch spürten die Kinder meine Verletzbarkeit.

Was mich immer noch verwundert ist, dass alle Kinder sofort nach dem Ereignis am nächsten Morgen zur Schule gingen und in den folgenden Jahren in der Schule nicht mit ihren Leistungen abfielen. Zum Glück gab es nach Hannas Suizid in ihrem Gymnasium sehr angemessene Reaktionen eines Vertrauenslehrers und einer Deutschlehrerin, die in den jeweiligen Klassen sehr gut über das Thema Selbsttötung mit den betroffenen, fragenden Klassenkamerad*innen sprachen und diskutierten.

Als Gesprächspartner suchten unsere Kinder nicht uns Eltern, sondern mehr ihre Freunde. So waren die Schulfreund*innen in den ersten Jahren nach Hannas Tod sehr wichtig und sie kamen weiterhin zahlreich in unser Haus. Diese Besuche erfreuten auch mich, denn es zeigte mir, dass unser Haus nach diesem schrecklichen Ereignis nicht gemieden wurde und meine Kinder nicht ausgegrenzt wurden.

Offensichtlich erlebten meine Kinder keine Stigmatisierung, wie sie viele Kinder von Angehörigen nach Suizid aushalten mussten. Dort kam zum eigenen Kummer der Kinder noch der gesellschaftliche Druck hinzu. Sie fühlten sich von der Umwelt abgestempelt als ein Verwandter der „Selbstmörderin". Sie schämten sich in der Schule, von Klassenkameraden auf die Todesart ihres Geschwisters angesprochen zu werden.

Erst Jahre nach Hannas Tod las ich in Büchern über die Besonderheiten bei der Trauer von Kindern. Das Nicht-verstehen-Können des Ereignisses und die mangelnde Information über Trauer und Sterbeprozesse sorgt besonders bei Kindern und Jugendlichen zu schuldbesetzten Gedankenkonstruktionen, um die Welt um sich herum, die aus dem Lot geraten ist, wieder kontrollierbarer zu machen. Außerdem verhindern die

Schuldgefühle bei Kindern wie bei Erwachsenen das Gefühl, vom Verstorbenen abgeschnitten zu sein.

Das unklare Hin- und Herpendeln zwischen Möglichem und Unmöglichem in Bezug auf die Verhinderung eines Suizides macht es besonders für jüngere Menschen offenbar schwer, das komplizierte Geschehene zu verarbeiten. Der Suizid wird als eine „Aggressive Anklage" gegenüber dem Rest der Familie empfunden, im Sinne von: „Ihr hättet doch die Not eures Familienmitgliedes erkennen müssen."

Michael D. Kahn schreibt dazu: „Für Geschwister eines Selbstmörders, die vielleicht schon immer ein ambivalentes, von Neid und Hass geprägtes Verhältnis zu ihm oder ihr hatten, ist die Erbschaft des Hasses besonders bitter."[2]

Ich wusste um die Rivalitäten und Streitereien der Geschwister untereinander. Der plötzliche Tod von Hanna ließ das Verhältnis einfrieren und es blieb den Überlebenden keine Chance, die Spannungen gemeinsam mit ihrer Schwester zu lösen. Auch die bislang verborgene Zuneigung oder Liebe konnten sie ihr nicht mehr zeigen.

So litten zunächst die älteren Geschwister ebenfalls unter schweren Schuldgefühlen, nicht genügend gesehen und verstanden zu haben von Hannas versteckten Botschaften. Es gab Fragen, ob sie den Tod hätten verhindern können und ob sie in ihrer Rolle als Beschützer*in der jüngeren Hanna versagt hatten.

Vielleicht versuchten auch sie, einen logischen, brauchbaren Zusammenhang herzustellen zwischen ihrem Erleben und dem nicht nachvollziehbaren, völlig unlogischen Ereignis.

Meine Überforderung in dieser schrecklichen Zeit bemerkten die Kinder sofort und verhielten sich sehr rücksichtsvoll.

2 Bank, Stephen P.; Kahn, Michael D.: Geschwister-Bindung. Junfermann, Paderborn 1989, S. 153.

Um mich nicht zu belasten, zogen sie sich häufig in ihre Zimmer zurück, damit ich Ruhe hatte.

Bei Begegnungen mit Freunden und Verwandten konnte ich erleben, dass nach dem Tod von Hanna die Gefühle meiner Kinder wenig beachtet wurden. Während ich die Nachfragen nach meinem Befinden beantwortete, standen sie oft nur dabei und hörten zu. Während gemeinsamer Gespräche, die sehr rar waren, äußerten meine Kinder kaum ihre Gefühle und oft war kein Raum und keine Zeit für Trauer vorhanden. Ich konnte aber an ihrer Körperhaltung und an ihren Bewegungen manchmal ablesen, in welcher Stimmung sie waren.

In den fortgeschrittenen Trauerphasen waren die Gefühlsreaktionen meiner Kinder sehr unterschiedlich. Sie reichten von Wut und Enttäuschung hin zu dem Wunsch, den Platz der geliebten Tochter einzunehmen. Dabei wurde Hanna nicht in ihrem Wesen imitiert, sondern ihr Platz mit sehr viel Lebendigkeit und Power eingenommen, im Sinne: „Mama schau, ich lebe!"

Mein Erleben war, dass die Kinder verinnerlicht hatten, welche Seite ich an Hanna besonders liebte. So versuchten sie zum Beispiel, Hannas künstlerische Fähigkeit aufzugreifen und auszubauen.

Oft musste ich auch Wut auf mich im Trauerprozess der Kinder wahrnehmen. Denn durch meine ständige Sorge vor einem erneuten Unglück oder weiterer Enttäuschung litten sie unter meinem Misstrauen und meiner vermehrten Kontrolle, einem Verhalten, welches ich zuvor nicht hatte. Es handelt sich, wie ich es später erfahren durfte, um ein häufig auftretendes Verhalten auf ein erlittenes Trauma im Sinne einer konstriktiven Reaktionsweise. Durch eine pessimistische Erwartungshaltung und kontrollierendes Verhalten versuchte ich, mich und die Familie vor einem erneuten plötzlichen Trauma zu schützen.

Im Nachhinein bleibt bei mir der Eindruck, dass die Kinder die Eltern nicht belasten wollten. Sie wirkten nach außen recht stabil, dafür, dass sie neben dem frühen Verlust eines Elternteiles nun alle Vier unter dem zusätzlichen Verlust ihrer Schwester/ Vizeschwester litten. Es war wohl allen wichtig, die Struktur der Restfamilie so gut wie möglich stabil zu erhalten. Das gab offensichtlich allen eine gewisse Sicherheit, auch wenn es eine hohe Leistung von jedem abverlangte.

Reaktionen der Angehörigen (Freunde, Familie, Bekannte)

Der folgende Abschnitt enthält wichtige Anregungen für Familienangehörige, für Nachbar*innen, für Freund*innen oder Bekannte, wie sie durch einen kleinen Text oder ein Erinnerungsfoto Eltern, die ihr Kind verloren haben, etwas Persönliches schenken können.

Oft fragen mich nach dem Tod eines geliebten Menschen Angehörige oder Freunde, was sie denn am besten als Zeichen ihres Beileides schreiben sollen. Andere fragen mich, ob sie nach vielen Jahren der Trauer den Betroffenen noch etwas Liebevolles mitteilen könnten. Hier zunächst einige positive, aber später auch ein paar negative Beispiele der Reaktionen in meinem Umfeld, als Anstoß, eigene, neue Ideen zu entwickeln.

Am zwanzigsten Todestag von Hanna fasste ich den Entschluss, von vielen Menschen, die Hanna aus den unterschiedlichsten Kontexten kannten, Erinnerungen zu sammeln. Ich wollte für meine Familie das Leben von Hanna festhalten und Erinnerungen an sie in einer Art Biografie zusammentragen. Ich war erstaunt und sehr berührt über die unterschiedlichen Antworten, die mich im Laufe der Zeit erreichten.

Es gab auch Menschen, die mich anriefen, sehr berührt waren und mir sagten, dass sie sich unfähig fühlten, ihre Gefühle gegenüber Hanna in Worte zu fassen, geschweige denn, sie niederzuschreiben. Auch das war eine gute Reaktion, vor der ich hohen Respekt habe. Es entspricht dem, was ich immer zu Menschen sage, die nicht wissen, wie sie einer/einem Trauernden begegnen sollen und nicht wissen, was sie sagen sollen. Denen empfehle ich, das Gegenüber einfach still zu umarmen. Es braucht nicht immer Worte.

Einige Personen rief ich persönlich an. Sie drückten ihr Erstaunen aus und freuten sich über mein Vorhaben. Viele schickten mir einen ausführlichen Brief, teilweise mit einem selbstgemalten Bild, welches ihnen Hanna als kleines Kind geschenkt hatte. Auch alte Fotos von Hanna mit ihren Freunden oder mit Verwandten, die ich bislang noch nicht gesehen hatte, rührten mich zu Tränen. Witzige Berichte über frühere Besuche in unserer Familie oder intensive Schilderungen von gemeinsamen Reisen brachten mich zum Schmunzeln und ließen Hanna in meiner Erinnerung wieder lebendig werden. Es waren Momentaufnahmen – wie sie weinte, als ihr Lieblingspferd starb, wie sie sich mit ihrem nackten Popo in eine rote Nudelsoße setzte oder wie sie Fahrgäste in einem Intercity-Wagon mit ihrem Humor und ihrem schauspielerischen Talent zum Lachen brachte. Erstaunlicherweise beschrieben viele Hannas Wesen mit ähnlichen Worten und das berührte mich sehr. Ich freute mich über gewählte Adjektive, wie: ein fröhliches, lustiges, lebhaftes, vitales und lebensfrohes Kind. Voller Energie und mit starkem Willen. Rund, wonnig, aufgeweckt und verspielt. Berichte meiner Brüder über ihre Betroffenheit, nachdem sie die Nachricht von Hannas Suizid am Telefon erfuhren, berührten mich sehr.

Hier zwei gekürzte Texte, die mich erreichten und sehr bewegten:

Denke ich an Hanna, so spüre ich körperlich die Extreme, die das Leben bedeutet.
Liebe, Schönheit, Verbundenheit, Fröhlichkeit, die sich entwickeln wollenden Kräfte, Entfaltungen, Leichtigkeit, auf der anderen Seite der Schmerz des Endes, die vielen „Unbeantwortbarkeiten", der nicht zu bewegende Endpunkt.
Nach zwanzig Jahren muss ich dies als Einheit denken. Mit einem Stich in der Brust bin ich gezwungen, den Freitod anzuerkennen, ohne es zu verstehen und eben gleichzeitig den schönen Eindrücken ihre Gültigkeit lassen.

***Blätterregen** – Erinnerungen an Hanna*
Die Blätter im Herbst erinnern mich an die gemeinsamen Spaziergänge mit Hanna, ihrem Hund Ronja und mir im Wald. Voller Lebensfreude sang Hanna dann immer Lieder aus den Charts – sie konnte jedes Lied auswendig und steckte mich mit ihrer Begeisterung an. Wir konnten immer miteinander lachen und Spaß haben – nie wurde es langweilig.
Hanna nahm mich, als ich in der dritten Klasse neu an die Grundschule kam, mit offenen Armen auf, und durch unsere laute, fröhliche und manchmal freche Art brachten wir den ein oder anderen Lehrer an seine Grenzen.
Hanna war immer für mich da – auch später, als wir auf unterschiedliche Gymnasien gingen und uns nicht mehr täglich sahen. Trotzdem wusste ich, dass ich immer auf Hanna zählen konnte.
Und dann war Hanna plötzlich nicht mehr da.
Aber wenn im Herbst die Blätter vom Himmel fallen, habe ich das Gefühl, Hanna wieder ganz nah zu sein – die bunten Far-

ben, das schöne Licht, die Natur – all das zaubert mir ein Lächeln auf die Lippen und erinnert mich an Hannas fröhliches, begeistertes Lachen. Und es macht mich unglaublich glücklich, eine Zeit lang eine so unfassbar tolle Freundin wie Hanna an meiner Seite gehabt zu haben.

Auch wenn Betroffene nicht von sich aus Erinnerungen oder Erzählungen über ihr verstorbenes Kind einfordern, wie ich es tat und belohnt wurde, ist es schön, kurze Texte, Fotos oder auch in Gesprächen alte Erinnerungen spontan von anderen mitgeteilt zu bekommen. Nach Jahren der Trauer tut es immer noch gut, als Mutter oder Vater wahrnehmen zu dürfen, dass andere an sie und das verstorbene Kind denken. Die betroffenen Eltern möchte ich mit meinem Beispiel ermuntern, sich Texte und Gespräche einzufordern, wenn sie nicht spontan bei ihnen ankommen. Die Scheu davor, die Initiative zu ergreifen, ist nicht angebracht oder sollte überwunden werden. Bleiben Sie mutig und schämen Sie sich nicht, es kann nichts Schlimmes passieren.

Es gab aber auch andere Reaktionen, die mich erschütterten. Ein Bekannter meinte, dass er meine Anfrage als eine Art emotionale Erpressung erlebt habe und ob ich diese Biografie aus Geltungssucht schreiben wolle. Einige Tage lang spürte ich meine Wut und sie erinnerte mich an den Beginn meines Trauerprozesses, an dem ich als Mutter viele oberflächliche Kontakte erlebte. Damals herrschte in mir noch dieses schmerzhafte Erleben, dass das Leben draußen für die anderen ungehindert weiterlief und ich völlig herausgeworfen war aus meiner Lebensbahn. Ich konnte diese Gleichgültigkeit dieser Menschen, die in meinen Augen keine wirklichen Probleme hatten, nicht nachvollziehen.

Heute kann ich dieses Verhalten der anderen akzeptieren, denn es ist Fakt, dass das Leben der anderen ebenfalls voller Herausforderungen steckt und mit anderen Themen angefüllt ist. Ich kann diese kurze Begrüßung wie: „Ach, ja es ist schrecklich, was geschehen ist", und schon kehrt man zur Tagesordnung zurück, inzwischen ohne Kränkungsgefühl akzeptieren.

Es bleiben aber auch Sätze in der Erinnerung, die für mich bis heute unentschuldigt bleiben.

Reaktionen, wie die eines Verwandten, zwei Tage nach Hannas Tod, sind für mich das Schlimmste, was ich an wohl gemeinter Anteilnahme erleben musste. Er kam damals in unser Wohnzimmer, wo ich völlig kraftlos auf der Couch saß, klatschte ermunternd in die Hände und rief dazu: „Kommt, das Leben muss weitergehen." Das Klatschen war wie eine Ohrfeige und der Aufruf wie eine Verhöhnung für mich als trauernde Mutter, die gerade vor zwei Tagen ihr Kind verloren hatte.

Diese Momente im Außen sind zu Beginn einer Trauer schwer zu ertragen, denn das Weitergehen fällt so schwer, weil es im Innenleben blutet. Aber es ist auch wichtig zu erkennen, dass das Leben der anderen uns Trauernde trägt und weiterzieht, damit wir nicht in der Vergangenheit wohnen bleiben.

Der früh verstorbene hawaiianische Sänger Israel Kamakowiwo'ole schrieb zwei kurze Zeilen diesbezüglich in seine CD-Hülle: „Somewhere over the rainbow. The Best of."

Remember the past but do not dwell there
face the future where all Your hopes stand
(Israel Kamakowiwo'ole)

Teil II

„ZWISCHEN LEBEN UND TOD“

Suizidalität im Kindes- und Jugendalter

Der Begriff Suizidalität

Wer kennt nicht einen Satz in dem Sinne: Wenn dies passiert, oder jenes nicht, dann bringe ich mich um. Bei Eltern, Freund*innen oder Therapeut*innen tauchen solche oder ähnliche, erschreckende Aussagen aus dem Munde von suizidgefährdeten Kindern und Jugendlichen, um die es hier in Teil II gehen wird, wie eine Drohung auf.

Suizidalität ist, egal ob bei Heranwachsenden oder Erwachsenen, keine Krankheit, sondern ein sehr komplexes Phänomen, welches im Rahmen einer extremen Lebenssituation auftauchen kann. Sie kann aber auch Symptom einer psychischen Erkrankung, wie zum Beispiel einer Depression, einer Psychose aus dem schizophrenen Formenkreis, einer Abhängigkeitserkrankung oder einer Persönlichkeitsstörung sein. So muss in jedem psychischen Befund eines*r Psychiaters*in oder Psychotherapeuten*in die Frage beantwortet sein: „Besteht bei diesem Patienten ein Anhalt für Suizidalität?"

Suizidalität kann somit als Ausdruck einer Psychotherapiebedürftigen Störung, als auch einer freien, befreienden, persönlichen Entscheidung anerkannt werden.

Unter dem Begriff *Suizidalität* werden *Suizidgedanken, Suizidankündigungen* und *Suizidpläne* zusammengefasst. Sie geht der Suizidhandlung voraus. Es können körperliche Symptome, wie zum Beispiel Schlafstörungen, muskuläre Verspannungen, Kopfschmerzen und Menstruationsbeschwerden mit einer Suizidalität einhergehen.

Man unterscheidet eine *basale Suizidalität,* die schon seit längerem bestehen kann, von der *aktuellen Suizidalität* mit einem aktuellen *Suizidanlass.*

Die basale Suizidalität während einer Krise ist gekennzeichnet durch Hoffnungslosigkeit und das Erleben, keinen Ausweg aus der misslichen Lage zu erkennen. Der aktuelle Suizidanlass, man spricht auch von einem endgültigen Auslöser, führt schließlich zur Zuspitzung einer hoffnungslos und ausweglos erlebten Situation. Im Folgenden soll das Augenmerk auf die Suizidalität im Kindes- und Jugendalter gerichtet werden.

Anhand eines Beispiels werden die Begriffe *basale Suizidalität* und *aktueller Suizidanlass* leicht nachvollziehbar:

> *Ein Junge im Alter von 9 Jahren hatte nach dem Tod seiner Katze immer wieder das Gefühl, dass er ohne sein Haustier nicht mehr weiterleben könne. Abends vorm Einschlafen sagte er weinend zu seinem Vater, dass er so nicht mehr leben wolle. Der zu frühe Tod seiner Mutter, die er mit sechs Jahren verloren hatte, wurde in dieser Krise von ihm wiederholt thematisiert und er sprach von seinem Wunsch, am liebsten in den Himmel zu seiner Mutter und zu seiner Katze zu fliegen. Dieses basale Empfinden, dass das Leben zu anstrengend ist und er diesem entfliehen wollte, tauchte immer wieder in Situationen auf, die mit Trennungsängsten und Verlustängsten zusammenhingen, wie zum Beispiel Ferienlager oder Aufenthalten in einem Schullandheim.*
> *Als er sich im Alter von zwölf Jahren in seine erste Freundin verliebte und diese mit ihren Eltern kurz darauf nach Brasilien zog, war dies der Anlass, endgültig sein Leben zu beenden.*

Häufige Suizid-Anlässe sind Trennungen von einem Freund oder einer Freundin, Verlust eines geliebten Menschen oder der Tod einer wichtigen Bezugsperson, schwere Kränkungen in der Schule durch Lehrer, im Berufspraktikum, durch Klassenkamerad*innen oder durch Mobbing im Internet. Es kann aber auch eine Erkrankung oder eine Behinderung durch einen Unfall sein, welche die Leistungsfähigkeit einschränkt, starke körperliche Schmerzen verursacht und als beschämend erlebt wird.

Suizidalität ist ein häufiges Symptom im Rahmen vieler Erkrankungen oder verschiedener Lebenskrisen, z. B. bei Konflikten in der Familie, und sie muss nicht mit einer suizidalen Handlung enden. Häufig bleibt sie unerkannt. Allerdings gehören zu den suizidgefährdeten Risikogruppen auch Kinder und Jugendliche, ebenso wie alte und vereinsamte Menschen. Außerdem wurde wissenschaftlich festgestellt, dass in der Gruppe der homosexuellen und der süchtigen Jugendlichen ein höheres Suizidrisiko besteht. Ich werde im noch folgenden Kapitel „Pubertät – eine vulnerable Phase“ näher darauf eingehen. Ebenso sind vermehrte Suizidhandlungen nach sexuellen Übergriffen zu verzeichnen.

Suizidgedanken tauchen bei etwa 30% aller Jugendlichen auf. Etwa jeder dritte Jugendliche, der diese Gedanken einmal hatte, begeht in seinem Leben einen Suizidversuch.[3] Diese Gedanken können sporadisch oder auch über einen längeren Zeitraum bestehen. Sie treten zwanghaft oder impulshaft auf. Wichtig ist, jegliche Andeutung in Richtung Suizid ernst zu nehmen und aufmerksam zu bleiben. Der Satz „Wer darüber spricht, tut es nicht“ ist falsch.

Suizidfantasien tauchen meist in Form von Tagträumen auf und kreisen um den Wunsch zu sterben, den Wunsch nach Ruhe, nach einer Pause oder einer Unterbrechung des Lebens. Der gekränkte und verletzte Jugendliche fantasiert sich in eine Traumwelt, wo er von oben herab seine weinenden Eltern beobachtet oder die strafenden Lehrer, die plötzlich Reue zeigen, weil sie ihn oder sie zu streng behandelt hatten. Vielleicht be-

3 Vgl. Rotthaus, W.: Suizidhandlungen von Kindern und Jugendlichen, Carl-Auer Verlag 2020, S. 11.

steht eine Vorstellung, dass erst angesichts des/der Toten deren Wert erkannt wird und die Wertschätzung erst dann deutlich ausgesprochen wird.

Hierzu ein Beispiel eines suizidgefährdeten 14-Jährigen, der in seinem Tagebuch die Erschießung vor seiner Freundin, die ihn verlassen hat, und deren erhoffte Reaktion niederschrieb:

> *... Da steht Mira am Fenster und sieht mich entsetzt an. Ich drücke ab. Mira steht da und schreit. Ich sinke zu Boden und spüre, wie das Leben aus mir rinnt. Als ich das letzte Mal die Augen öffne, steht Mira neben mir und schreit „Nico".*
> *Sie hat meinen Namen gesagt. Hatte sie Tränen in den Augen? Weint sie um mich?*

Suizidversuche

Es gibt keine statistische Erfassung über Suizidversuche, sondern nur eine erfasste Zahl von Suiziden von Kindern und Jugendlichen durch das Statistische Bundesamt. Jedenfalls werden Suizidversuche häufiger im Kindes- und Jugendalter ausgeführt als im Erwachsenenalter.[4] Da die Personen auch mehrere Versuche unternehmen können, gibt es keine klare Übersicht, sodass Fachleute von 2000 bis 4000 Suizidversuchen pro Jahr in Deutschland ausgehen. Ebenso muss man davon ausgehen, dass viele Unfälle von Jugendlichen und Kindern verkappte Suizidversuche sind. Auch diese können in keiner Statistik erfasst werden. Laut einer bislang unveröffentlichten Studie im Essener Universitätsklinikum im Frühjahr 2021 kam es zum Ende des Lock-Downs in der Coronakrise zu einem sprunghaften Anstieg von Suizidversuchen von Kindern und Jugendlichen in Deutschland. Hochgerechnet auf alle Kinder-Intensivstationen in Deutschland ergaben die Auswertungen eine Zahl von 450 bis 500 Suizidversuchen im Jahr 2021 in ganz Deutschland. Wieviel gelungene Suizide wohl hinzukommen, bleibt dabei offen.[5]

Es ist anzunehmen, dass viele Suizidversuche verschwiegen werden und niemals ans Tageslicht kommen. Meist soll dieses Vertuschen dazu dienen, dass Angehörige einer befürchteten Stigmatisierung entgehen.

Ein Beispiel eines verdeckten Suizides, eines Unfalles, über dem dauerhaft ein Fragezeichen schwebt:

4 Vgl. Rotthaus, W.: Suizidhandlungen von Kindern und Jugendlichen, Carl-Auer Verlag 2020, S. 13.

5 Vgl. Eder, S.: Eine dramatische Situation, Artikel in der FAZ vom 10.01.2022.

Ein zehnjähriger Junge, der sich nach der Trennung seiner Eltern sehr zu Hause zurückzog und seinen Kummer über den Auszug des Vaters mit übermäßigem Essen dämpfte, wurde eines Morgens von seiner Mutter tot im Kinderzimmer aufgefunden. Er hatte sich an einem Seil erhängt, welches von seinem Hochbett an einen Wandhaken gespannt war. Am Tag davor hatte er „Seeräuber" gespielt, der sich an einem Tau entlang hangelt.

Ein Großteil der Menschen, die einen Suizidversuch unternommen haben, gelangen in hausärztliche oder klinische Behandlung. Darin besteht eine große Chance, da direkt nach dem Ereignis die emotionale Abwehr der Patienten geschwächt ist und sie somit für eine psychotherapeutische Behandlung offener sind. Leider werden aber viele nach ihrer Wundversorgung oder einer Entgiftung vorschnell entlassen, ohne dass eine Nachsorge oder therapeutische Weiterbehandlung eingeleitet wird. Das liegt daran, dass Suizidversuche häufig ein Schreckgespenst für behandelnde Ärzte und Ärztinnen sind. Selbst Psychotherapeut*innen haben Angst, in der Therapie etwas falsch zu machen oder zu übersehen. Oft lösen Patient*innen nach Suizidversuchen Ablehnungsgefühle im Behandelnden aus und viele Therapeut*innen sind nicht ausreichend ausgebildet, eine Krisenintervention durchzuführen. Sie haben Angst, dass sie mit dem Patienten oder der Patientin in diesem akuten Krisenstadium überfordert sind und womöglich ein erneuter Versuch während der Therapie stattfinden könnte. Gegenüber jüngeren, suizidgefährdeten Kindern bis zum sechzehnten Lebensjahr ist das im Folgenden beschriebene Verhalten von Ärzten und Ärztinnen nicht so häufig. In diesen Fällen wird eher nach einem Fehlverhalten der Eltern oder der Bezugspersonen im Umgang mit dem Kind gesucht.

Im Folgenden ein paar Einstellungen von Ärzten und Ärztinnen in Bezug auf einen Suizid:

- Eine typische, moralisch verurteilende Haltung ist: „Es ist unrecht, Hand an sich zu legen!“
- Der*die Patient*in hat sich bewusst selbstschädigend verhalten. Es ist verwerflich und unmoralisch. Man kann dieses Verhalten nicht als Krankheit anerkennen.
- Man muss diese*n Patient*innen hart anfassen und ihm sein Unrecht klar machen. Diese Einstellung kann dann zu sadistischen Handlungen führen. Es wird dann z. B. ein besonders dicker Schlauch zur Magenspülung eingeführt oder, wie ich es einmal erleben musste, es bekommt ein Suizidant kein Essen auf der Station, da er „ja sowieso nicht mehr leben will“. Auch den Satz: „Wir entlassen ihn besser schnell, sonst springt er uns hier noch aus dem Fenster“, musste ich hören.
- Auch die Einstellung, dass Suizid eine Privatangelegenheit jedes Einzelnen ist, in die man sich nicht einmischen sollte, führt zu einer Abschiebung eines an sich hilfebedürftigen Patienten.

Diese Einstellungen zeigen, wie wichtig es ist, eigene Unsicherheit und eigene Ängste wahrzunehmen. Das gilt nicht nur für Ärzte und Ärztinnen, Therapeuten und Therapeutinnen, sondern für alle Menschen, die mit suizidalen Personen zu tun haben. Einem Klima der Verachtung muss unbedingt entgegengewirkt werden, nicht nur in Krankenhäusern, sondern in der gesamten Gesellschaft.

Verständlicherweise handelt ein*e suizidale*r Patient*in gegen das ärztliche Ethos, wenn er das Leben ablehnt. Ärzte und Ärztinnen wollen ja Leben erhalten und in diesem Konflikt ist emphatisches Verhalten eines Arztes bzw. einer Ärztin, der eventuell selbst nicht mit Aggressionen umgehen kann, vielleicht manchmal nicht zu erwarten.

Statt vorwurfsvoll zu reagieren, im Sinne von: „Der ist doch selber schuld und macht uns nur unnötige Arbeit", sollte versucht werden, den psychologischen Zusammenhang zwischen dem Suizid und der Lebenssituation des Suizidanten herauszufinden. Dabei gilt es, wichtige Signale zu erkennen. Die Situation des Suizidanten darf nicht verharmlost werden und der/die Therapeut*in oder Arzt bzw. Ärztin muss direkte Fragen nach der Suizidalität des Patienten stellen. Den Suizidversuch isoliert anzuschauen, birgt stets die Gefahr einer vorschnellen Entlassung bei bestehender Fehleinschätzung der gefährlichen Situation.

Die Gefahren bei einer nicht fachgerechten Behandlung eines Patienten nach Suizidversuch können zum Beispiel sein:

- Der Vorfall wird bagatellisiert, als lästig und unsinnig abgetan.
- Es wird zu rasch eine Suche nach positiver Veränderung begonnen.
- Auch appellative und sanfte Suizidversuche müssen ernst genommen werden.
- Die Aussagen des Patienten dürfen nicht als Provokation oder persönlicher Angriff erlebt werden.
- Idealisierungen des*der Therapeut*in, ein anstehender Urlaub, eine Trennung oder Entlassung müssen als Gefahren für einen erneuten Versuch erkannt und rechtzeitig bearbeitet werden.
- Eine einseitige Bearbeitung der Aggressionsthematik ist zu verhindern. Stattdessen ist es wichtig, erst den „Cry for Change", also den Wunsch nach einer Veränderung der Le-

benssituation, zu verstehen, dann die Kränkung des Patienten zu bearbeiten und dann erst das Thema Wut anzugehen.

Ich musste leider in meiner Praxistätigkeit mehrfach von Betroffenen, die einen schweren Suizidversuch mit teilweiser Querschnittslähmung oder Verlust von Extremitäten überlebt hatten, erfahren, wie beschämend, geringschätzend und ablehnend sich Ärzte und Pflegepersonal während der stationären Behandlung nach dem traumatischen Ereignis ihnen gegenüber verhielten. Dies ist besonders unangebracht, da diese Betroffenen voller Scham und Schuldgefühle stecken und nur schwerlich die eigene Tat aus einer inneren Notlage akzeptieren können. Wenn diese Menschen nach dem Bruch eines Tabus auch noch einer Stigmatisierung ausgesetzt werden, ist dies verhängnisvoll und zusätzlich beschämend.

Selbstverletzendes Verhalten und Suizidalität

Während bestehender Suizidalität fügen sich manche Jugendliche Verletzungen am eigenen Körper zu. Sie ritzen oder schneiden sich mit Rasierklingen, Messern, Nadeln, beißen sich in die Arme oder Hände oder verbrennen sich mit glühenden Zigaretten oder brennenden Gasfeuerzeugen. Manche Jugendliche schädigen ihren Körper durch Verätzungen und Verbrühungen, andere schlagen ihren Kopf an Wände oder Mauern. Auch exzessives Nägelkauen mit Verletzungen des Nagelbettes, bis es zu Hautblutungen kommt, zählt zum sogenannten Selbstverletzenden Verhalten (SVV). Mädchen fügen sich wesentlich häufiger aktiv, bewusst oder unbewusst diese Verletzungen zu. Die Selbstverletzungen dienen nicht dazu, eine suizidale Handlung zu begehen. Sie sind meist Zeichen einer krisenhaften Entwicklung oder ein Ventil für negative Gefühle und dienen teils dazu, die Kontrolle über den eigenen Körper zu behalten. Die massiv unter Stress stehenden Menschen erleben vor diesen Handlungen einen immensen Anstieg von Spannungsgefühlen in ihrem Körper, den sie durch den Akt der Selbstverletzung schlagartig beenden. Durch dieses Verletzen der Haut erleben sie eine Erleichterung, die schließlich zu einer Normalisierung des Spannungspegels im Körper führt. Das Schlitzen der Haut und der Austritt von Blut werden als befriedigend erlebt. Es liegt jedoch auf der Hand, dass dieses Selbstverletzen auf Dauer keine Lösung der bestehenden Konflikte bringt und somit die Gefahr eines Suizidversuches steigt, falls der Effekt der Spannungsreduktion nicht mehr gegeben ist.

In wissenschaftlichen Untersuchungen wurde belegt, dass Jugendliche, die sich selbst verletzen, vermehrt ein aggressives, gereiztes Verhalten zeigen und ihren Ärger ausagieren. Man sollte dieses Verhalten nicht leichtfertig als Spinnerei abtun, sondern es ernst nehmen und dem Jugendlichen empfehlen, eine Erziehungsberatungsstelle oder eine therapeutische Praxis aufzusuchen. Solange diese Jugendlichen mit ihren Eltern auch über das Selbstverletzen kommunizieren und sich unterstützt von ihnen fühlen, neigen sie weniger zu suizidalem Verhalten.

Die Gruppe der Suizidgefährdeten mit selbstverletzendem Verhalten zeigt sich aggressiver und gereizter als die Gruppe, die sich nicht selbst verletzt. Letztere verfügt über ein geringeres Selbstbewusstsein und ein Erleben von Wertlosigkeit ihrer Person. In dieser Gruppe kann das suizidale Risiko durch die Stärkung des Selbstwertgefühles der Jugendlichen und durch die Herstellung eines unterstützenden Kontaktes zu den Eltern gemildert werden.

Hier möchte ich kurz anmerken, dass der Umgang mit aggressiven Impulsen eine wichtige Rolle bei Kontakten und Gesprächen mit Suizidgefährdeten spielt. Wenn die Jugendlichen Hölzer durchbrechen, Gläser zerdrücken oder auf etwas einschlagen, wird man Zeuge der starken inneren Spannung, die sich Luft machen will. Haben wir selbst Angst vor Aggression, werden wir uns sofort vor schreienden, wütenden, aggressiven Menschen zurückziehen. Ich selbst konnte bei einigen Frauen meiner Generation eine große Angst vor männlicher Aggression wahrnehmen. Das Bild des aggressiven Mannes war gesellschaftlich akzeptiert, während viele Frauen diesem Verhalten schutzlos ausgesetzt waren. Hilfsangebote und die Thematisierung dieses Problems waren dabei nicht selbstverständlich. Männer traf dieses gewalttätige Verhalten natürlich auch, wobei diese sich ebenso dem Druck ausgesetzt sahen, einem gewissen Ideal zu folgen.

Auch wenn die Gewalt gegenüber Frauen bis heute leider nicht abgenommen hat, werden Frauen dazu ermutigt, sich selbst gegen ihre Aggressoren zu behaupten, z. B. durch die Teilnahme an Selbstverteidigungskursen. Mehr und mehr löst man sich zudem vom Klischee der zurückhaltenden Frau, und junge Mädchen wachsen mit sich kämpferisch präsentierenden Frauen, z. B. im Fußball, auf.

Heute würde ich meine Tochter ermuntern, weitere Drumsticks durchzubrechen und dabei laut zu schreien (vgl. Teil I, S. 37 „Es spitzt sich zu"). In Körpertherapien dürfen die Behandelten mit einem Stock oder ihren Fäusten laut schreiend auf einen Würfel oder eine Matratze einschlagen. Diese Aktionen lösen natürlich keine Probleme, aber wenn die Spannung im Körper nachlässt, oder wenn man spürt, welche Kraft in einem steckt, fühlt man sich häufig besser. Es ist wichtig, den Rahmen vorzugeben, was bei diesen Übungen erlaubt und nicht erlaubt ist, denn der Patient oder die Patientin sollte sich nicht selbst verletzten. Eine wichtige Erfahrung besteht darin, dass er oder sie bei diesen Abreaktionen nicht allein ist und sich nicht abgelehnt fühlt.

Schutzfaktoren gegen Suizidalität

In der Auseinandersetzung mit dem Thema Suizidalität fällt immer wieder auf, dass es offensichtlich Kinder und Jugendliche gibt, die trotz hoher Belastungen und Krisen keine Suizidalität zeigen. Sie verfügen über eine Resilienz, auf die ich in Teil III (vgl. „Schmerz und Resilienz") näher eingehen werde. Auch Kinder und Jugendliche erwerben resiliente Fähigkeiten in der Auseinandersetzung mit den jeweiligen Umweltbedingungen. Diese Fähigkeiten in ihnen zu fördern, kann einer Suizidalität entgegenwirken. Zu viele Traumata in zu kurzer Zeit können die Widerstandskräfte eines Kindes so mindern, dass es schließlich trotz bester resilienter Fähigkeiten resigniert und seinem Leben ein Ende setzt. Trotz bester Schutzfaktoren und guter Resilienz kann es durch unvorhersehbare Ereignisse, Verluste, Unfälle oder Katastrophen etc. zur Selbsttötung kommen.

Im Folgenden nenne ich einige wichtige Schutzfaktoren zur Erhaltung einer Resilienz, wobei personale von den familiären Schutzfaktoren unterschieden werden.

a) personale Schutzfaktoren:

1) Das Kind erlebte eine Kindheit mit einer stabilen emotionalen Beziehung zu einem Erwachsenen.
2) Erwachsene hatten eine Vorbildfunktion für das Kind und zeigten ihm, wie Probleme konstruktiv gelöst werden können.
3) Durch frühzeitiges Erlernen von Aufgaben in Bezug auf die Schule oder andere Geschwister, hat das Kind das Gefühl, gebraucht zu werden.
4) Das Kind hat das Gefühl, selbstwirksam zu sein, also Dinge beeinflussen zu können.
5) Das Kind verfügt über ein gutes Selbstwertgefühl.

6) Das Kind nimmt Krisen an, schaut positiv nach vorn und versucht, Lösungswege zu finden. Dabei holt es sich auch Rat von anderen.

b) familiäre Schutzfaktoren:

1) Die Beziehung zu den Eltern ist stabil.
2) In der Familie wird jedes Kind respektiert, egal welche Persönlichkeit und welche Fähigkeiten es hat.
3) Die Familie hat ein Zusammengehörigkeitsgefühl, mit dem es gelingt, gemeinsam Herausforderungen zu meistern und sich gegenseitig zu unterstützen, im Sinne einer gut organisierten Teamgemeinschaft.
4) Autoritativ handelnde Eltern begleiten liebevoll, aufmerksam und mit klaren Strukturvorgaben die Entwicklung ihrer Kinder. Das heißt, dass zum Beispiel die Kinder die Eltern über ihre Freunde und ihre Aktivitäten außer Haus informieren.

Präsuizidales Syndrom

Bevor ein Suizid begangen wird, existiert meist eine präsuizidale Phase, in welcher das sogenannte präsuizidale Syndrom auftritt. Dieses besteht aus der Trias Einengung, Suizidfantasien und Aggressionsumkehr.[6]

Nach Erwin Ringel kommt es auf Grund einer *Broken-Home-Situation* zu einer Ich-Verunsicherung nach erlebten Enttäuschungen, Entmutigungen, Kränkungen und Misserfolgen. Die Betroffenen versuchen sich an eine Bezugsperson zu klammern, die sie idealisieren und von der sie sich irgendwann alleingelassen und nicht verstanden fühlen. Die Einengung der Jugendlichen erkennt man häufig an ihrem sozialen Rückzug mit Abbruch der Kontakte und der Vermeidung bestimmter Orte und Situationen. Oft kommt es zu einem Leistungsknick in der Schule. Eine abrupte Verschlechterung der bislang guten Noten, keine aktive Beteiligung am Unterricht und Nichterledigung der Hausaufgaben können wichtige Signale sein. Die Betroffenen entwerten sich und andere Menschen und brechen bis dahin geliebte Aktivitäten ab. Schließlich beschäftigen sie sich nur noch mit sich selbst, fühlen sich einsam, unwert und schuldig. Am Ende wenden sie die Aggression, verbunden mit ohnmächtiger Wut und Verbitterung, die sie eigentlich gegen die versagende, übermächtig erlebte Bezugsperson empfinden, gegen sich selbst. Es kommt zu einer sogenannten Aggressionsumkehr.

Ein anderes Modell erfasst präsuizidale Entwicklung anhand verschiedener Stadien.

6 Vgl. Ringel, E.: Der Selbstmord, Maudrich, Wien, 1953.

1) Stadium der Erwägung

In diesem Stadium tauchen Gedanken von Hoffnungslosigkeit, Sinnlosigkeit und Hinweise auf eine zunehmende Resignation und Müdigkeit im Umgang mit den Problemen auf. Die Erwägungen werden unterstützt durch Filme, durch Berichte von Suiziden in den Medien oder die Erfahrung von früheren Suiziden in der Familie oder an der Schule.

So übergab mir eine betroffene Mutter einen Text ihres fünfzehnjährigen Sohnes, den er im Stadium der Erwägung, vier Wochen vor seinem Suizid, geschrieben hatte.

Ich möchte mich auf jeden Fall erschießen. Die anderen Möglichkeiten für Selbstmord sind zu unsicher.
Vor den Zug werfen? Der Zug könnte bremsen.
Erhängen? Wo und Wie? Das Seil könnte reißen.
Pulsadern aufschneiden? Zu oft misslingt dieser Versuch.
Vom Hochhaus stürzen? Viele Menschen haben den Fall aus großer Höhe überlebt.
Ertrinken? Dieser Tod ist zu langsam.
Mehr Möglichkeiten fallen mir nicht ein.

Auch der folgende Ausschnitt aus einem Gedicht meiner Tochter verdeutlicht die Phase der Erwägung:

Und wenn die Nacht einmal meine Sonne behält.
Wenn meine Sonne sich nicht mehr zu mir gesellt?
Wer spendet mir dann mein Licht?
Was soll ich dann anschauen, wenn nicht ihr Gesicht
Dann bin ich alleine in meiner Welt
Die nur die finstre Nacht erhellt
Und ich bleib gefangen und werde erdrückt.
Diese Annahme macht mich noch verrückt.

2) Stadium der Ambivalenz

In dieser Phase werden Argumente „für" und „gegen" einen Suizid miteinander abgewogen. Es wird darüber nachgedacht, sich Hilfe zu suchen. Der Jugendliche wirkt noch unruhig, getrieben und suchend. Er kündigt den Suizid an, appelliert an sein Umfeld. Bei Zurückweisung dieser Suche kommt es zum Erleben zunehmender Hoffnungslosigkeit und schließlich zum Entschluss.

Zur Verdeutlichung dieses Stadiums folgt der Text eines 17-jährigen Jungen aus seinem Abschiedsbrief an seine Eltern. Er litt nach einem Sportunfall an einer schweren Schmerzsymptomatik.

Vielleicht werde ich das hier in ein paar Jahren lesen, mit einem Lächeln im Gesicht. Doch wenn ich es bis dahin nicht mehr aushalte mit meinen Schmerzen, was dann?

3) Stadium des Entschlusses zum Suizid

Der Jugendliche plant die Tat. Er äußert keine Absichten mehr. Er wirkt häufig ruhig und die Eltern fühlen sich fast erleichtert, dass es ihrem Kind wieder besser zu gehen scheint. Es herrscht eine trügerische Ruhe, da die Entscheidung zum Suizid gefallen ist und die zermürbende Ambivalenz und Zerrissenheit endlich beendet sind.

Auch hierzu ein Beispiel:

Eine betroffene Freundin wollte mit ihren Kindern eine Verwöhn-Shopping-Tour machen. Tolle Idee, meinten die einen, aber ihr Sohn wollte lieber zu Hause bleiben und machte den Vorschlag, sie könnten ihm ja was Leckeres mitbringen, er sei zufrieden und bräuchte momentan keine Klamotten. Er wolle lieber den freien Tag mit einem Freund genießen. Bei dieser

Aussage wirkte er keineswegs traurig oder belastet. Er nutzte den freien Tag, um sich im Wald zu erhängen. Erst später erfuhren die Eltern, dass er in der Schule erneut eine Arbeit vermasselt hatte und eine Versetzung in die nächste Klasse nicht stattfinden würde. In der Beschämung über sein Schulversagen hatte er seine Tat fest eingeplant und nutzte die Abwesenheit der anderen, um sie durchzuführen.

Alarmzeichen und Warnhinweise

Fast alle Jugendlichen kündigen ihre Suizidabsichten an. Dabei sind nicht immer die Eltern die Adressaten. Mitschüler oder Internetbekanntschaften erfahren die Absichten und Pläne meist sehr konkret, aber reagieren häufig nicht darauf. Später hört man dann einen Satz wie „Das hätte ich ihr nie zugetraut, sie war doch immer so fröhlich und lebhaft."

Man unterscheidet die *direkten* von den *indirekten Suizidankündigungen.*

Klare Alarmzeichen für das gesamte Umfeld sollten die *direkten Suizidankündigungen* sein, wie sie zum Beispiel meine Tochter gegenüber einer Freundin äußerte: „Ich bringe mich um, weiß aber nicht, wie ich an eine Pistole komme." Als die Freundin ihrer Mutter davon erzählte, reagierte diese zwar erstaunt, meinte aber dann beschwichtigend: „Wenn Hanna das nochmals sagt, rufe ich mal ihre Mutter an." Eine zweite Ankündigung erfolgte leider nicht mehr.

Andere auffällige Ankündigungen lauten: „Ich will nur noch meine Ruhe haben. Ich haue ab. Wenn ich nicht mehr da bin, gehts allen besser." Diese Sätze sollten hellhörig machen und uns mit Gegenfragen in ein gemeinsames Gespräch mit dem suizidgefährdeten Jugendlichen führen. So besteht zumindest eine Chance auf einen Dialog, um den Rückzug vielleicht zu verhindern.

Ebenso sollten die *indirekten Suizidankündigungen* aufmerksam verfolgt werden. Dies können Abbrüche von Freundschaften sein, ein Leistungsknick in der Schule, das Aufgeben von Hobbys, Schulschwänzen und Herumtreiben in Parks oder am Bahnhof, Wegwerfen oder Verschenken von Sachen, z. B. Kuscheltieren oder Büchern. Schließlich ist die Ankündigung, von zu Hause wegzulaufen, häufig das letzte Signal vor der suizidalen Handlung.

Auffallend ist auch ein ständig wechselndes Verhalten von Selbstverletzung oder Verletzung anderer. Selbsthass, Gefühle von Wertlosigkeit in Verbindung mit Perspektivlosigkeit, Sinnlosigkeit und Hoffnungslosigkeit sind ebenfalls Alarmsignale.

Der Rückzug und die Verzweiflung äußern sich gerade bei Kindern und Jugendlichen häufig in psychosomatischen Beschwerden wie Kopfschmerzen, oft verbunden mit Konzentrationsstörungen, Bauchschmerzen, Appetitlosigkeit oder Fressanfällen, Ein- und Durchschlafproblemen und Albträumen. Auch das Sprechen über ein Gefühl, nicht mehr richtig durchatmen zu können, kann symbolisch als „ich habe keine Luft mehr zum Leben“ verstanden werden. Bei Mädchen kann es zu dauerhaften Menstruationsbeschwerden, zum Ausbleiben von Blutungen oder zu Dauerblutungen im Zusammenhang mit einer latenten Suizidalität kommen.

Auch hier meine eindringliche Bitte, sich nicht durch Aussagen der Ärzte und Ärztinnen zu rasch von Ihrer Vermutung einer suizidalen Gefährdung Ihres Kindes abbringen zu lassen. Die häufig geäußerten Annahmen von unerfahrenen Kollegen, die wenig Einblick in psychische Verhaltensmuster von Kindern und Jugendlichen haben, dass der Jugendliche nur hysterisch sei oder sich vor seinen Aufgaben drücken wolle, können in ein Desaster führen.

Pubertät – eine vulnerable Phase

Als ich die Interviews von zehn Betroffenen auswertete, fiel mir auf, dass deren Kinder alle in ihrer Pubertät suizidal wurden. Im Zusammenhang mit dem Thema „Lebensaufgabe" reflektierte ich lange über diese kritische Lebensphase der Adoleszenz, in der man weder Kind noch Erwachsener ist. Eine Zeit voller Liebeskummer, schulischer Probleme, Familienkonflikte und dem Wunsch, sich von den Eltern abzugrenzen. Diese wichtige Entwicklungsphase ist häufig verbunden mit hoher Verletzlichkeit und einem psychischen Ungleichgewicht, für das man als Erwachsener besonders achtsam sein sollte.

Die meisten Jugendlichen besuchen während ihrer Adoleszenz die Schule und überlegen sich dabei, was das ganze Leben eigentlich für einen Sinn ergibt. „Abhängen", mit Freunden chatten, „chillen", sich langweilen, alles in Frage stellen. Die Eltern nerven die Jugendlichen mit jedem Satz. Die Eltern nervt das Chaos im Zimmer und das Gemotze ihrer Kinder, die sich in ihren Zimmer-Höhlen zurückziehen und von Tag zu Tag weitere Kaffeetassen oder Pizzareste auf der Fensterbank anhäufen. Aufgaben zu erfüllen ist meist uncool. Mitanpacken oder mithelfen ist doof. Man könnte ja auf der Straße gesehen werden, wenn man den Mülleimer für die Mutter ausleert. Das ist ja beschämend. Das gesamte Familiensystem wird extrem belastet. Nicht nur das eigene Selbstwertgefühl im Jugendlichen schwankt, sondern auch die Eltern werden in Frage gestellt und als peinlich erlebt.

Hinzu kommen die körperlichen Veränderungen und die Wahrnehmung einer neuen Form von Sexualität. Viele Mädchen schämen sich, weil ihre Brüste wachsen und stehen ständig vor dem Spiegel, um sich zu beobachten. Der ganze Körper scheint in Aufruhr zu sein und hinzu kommt, manchmal schon recht früh mit zehn oder elf Jahren, die erste Menstruation. Viele lehnen ihren Körper ab, versuchen sich zu verstecken oder hungern, um dem Gewicht und Aussehen ihres Idealbildes einer Frau zu entsprechen. Die Zimmer werden gern abgeschlossen und Eltern sollten am besten nicht in Erscheinung treten, wenn Freundinnen und Freunde sich treffen. Alles, was Erwachsene tun oder sagen, wird als peinlich oder uncool erlebt.

Sowohl bei Jungen als auch bei Mädchen verändert sich nicht nur der Körperbau, sondern häufig treten Pickel und andere Hautveränderungen auf. Die Haut wird äußeres Signal für den emotionalen Umbruch und die hormonelle Veränderung im Körperinneren.

Im Grunde besteht für Pubertierende in dieser Phase der Verletzbarkeit und des psychophysischen Ungleichgewichtes die Lebensaufgabe darin, all diese Veränderungen der beginnenden sexuellen Reife körperlich und seelisch zu verarbeiten und zusätzlich die schulischen, familiären und beziehungsrelevanten Herausforderungen zu bewältigen. Das Spannungsfeld zwischen hoher körperlicher Kraft einerseits und dem Nichtwissen, wohin mit dieser Kraft, ist extrem.

Häufig kommt es zu einem Leistungsabfall in der Schule und im Sport. Gerne sagen Mädchen ihren Schwimm- und Sportunterricht mit der Begründung ab, ihre Tage zu haben. In manchen Bereichen wird nach neuen Inhalten gesucht. Kinogänge, Musicalaufführungen, Rockkonzerte und Sportevents werden interessant. Dort wird auch nach Idolen und Idealen Ausschau gehalten, um schließlich mehr und mehr die eigene Identität zu finden. Die Grenzen, was gesellschaftlich akzeptabel ist und was nicht, werden ständig ausgetestet. Aber es werden auch die körperlichen Schmerz- und Belastungsgrenzen geprüft.

Wichtig ist an dieser Stelle, die Bewusstwerdung der eigenen Homosexualität zu erwähnen, welche sich als Coming-out meist im Alter vom 14. bis 17. Lebensjahr zeigt. Schwule erfahren zwar in unserer Gesellschaft inzwischen meist höhere Toleranz, dennoch erleben sie sich nach wie vor einsamer und gehemmter im Umgang mit ihren gleichgeschlechtlichen Partnern. In dieser unsicheren Phase der langsamen Identitätsfindung werden Jugendliche gerne von älteren Partnern gesucht, werden ausgenutzt und enden dann in toxischen Beziehungen mit der Gefahr, Opfer von sexuellen Übergriffen zu werden.

Ein Beispiel hierzu:

Ein 16-jähriger Junge, der in einem sehr katholisch geprägten kleinen Ort sich nicht mit seiner Homosexualität outen wollte, begann im Internet eine Beziehung zu einem älteren Mann. Sein Vater beschimpfte ihn wegen seiner Unmännlichkeit, seinem Versagen in der Schule und beim Sport. Die Mutter hingegen stand hinter ihrem Jungen und seiner sexuellen Ausrichtung. Der Sohn fühlte sich schuldig an den ständigen Streitereien in der Familie, kam in eine Überforderungssituation, brach die Schule ab und nahm sich das Leben. Der ältere Mann meldete sich in der Trauerzeit bei der Mutter und betonte, dass es zu keinerlei Übergriffigkeiten zwischen ihm und ihrem Sohn gekommen sei.

Als Eltern respektiert man das Pubertät-Szenario trotz innerer Verunsicherung und Enttäuschung, weil man sich an die eigene Jugend und ihre Schwierigkeiten erinnert. Einerseits wollen Eltern den Pubertierenden ihre neuen Erfahrungsräume überlassen und sie nicht in ihren Zimmern mit andersgeschlechtlichen SchulkameradInnen kontrollieren. Andererseits besteht dabei die Gefahr, dass es zu negativen Erfahrungen und Übergriffigkeiten kommt, die unsere Kinder traumatisieren. Für diese individuellen Grenzziehungen gibt es für Eltern keine klaren Vorgaben. Es bleibt oft ein Drahtseilakt, der auch einen Absturz zur Folge haben kann.

Hier als Beispiel zwei Gedichte meiner Tochter, geschrieben nach ihrem sexuellen Übergriffserlebnis. Sie machen deutlich, wie rasch es in der Pubertät zu Grenzüberschreitungen auf Grund der bestehenden Selbstunsicherheit einerseits und der Selbstüberschätzung andererseits kommt:

Ich wollte es nicht, doch er wollte.
Ich sagte es, doch er hörte es nicht.
Ich wehrte mich, doch er war stärker.
Ich hatte Angst, doch er merkte es nicht.
Ich fühlte mich zu jung, doch er meinte, ich wäre alt genug.
Ich dachte an danach, doch er dachte nur an Hier und Jetzt.
Ich wollte schreien, doch dann würden es die anderen merken.
Ich boxte ihn, doch er spürte es nicht.
Mein Herz schlug so laut, doch ihm war das egal.
Ich wollte es den anderen sagen, aber ich liebe ihn doch!

Ich sehe in deine Augen,
Dieser Blick.
Du weißt, dass etwas nicht stimmt,
Doch Du sagst nichts.
Wir tun so, als wäre nichts geschehen,
Es wird unser Geheimnis bleiben.
Doch irgendwann kommt die Wahrheit ans Licht,
Und dann werden wir uns wünschen, wir hätten es nie getan.

In ihrem Tagebuch fand ich Monate nach ihrem Suizid den Eintrag: „*Cool, wir haben Radio gespielt und vergewaltigen. Er sagte, ich hätte für mein Alter einen ziemlich guten Körper.*"

Ich stelle die Thematik der sexuellen Übergriffe bei Kindern und Jugendlichen so ausführlich dar, weil diese Delikte häufig unentdeckt bleiben und verschwiegen werden, jedoch vermehrt mit späterer Suizidalität und Suiziden in der Anamnese von Kindern, Jugendlichen und Erwachsenen auftauchen.

Gehen sie bei unklaren Bauch- und Menstruationsbeschwerden davon aus, dass Mädchen meist schweigen, wenn sie einen sexuellen Missbrauch erleben mussten. Während meiner Tätigkeit in der psychosomatischen Klinik kamen viele Frauen nach mehrfachen Bauchoperationen und vielen Jahren unklarer körperlicher Beschwerden in die stationäre Psychotherapie. Hier erzählten sie erstmals von ihrem Leidensdruck auf Grund sexueller Gewalterfahrungen.

Rechnen Sie immer damit, dass Jugendliche ihre körperlichen und seelischen Belastbarkeiten ausprobieren und nicht darüber reden, wenn etwas schiefgelaufen ist. Sie stellen sich dar, als ob sie alles im Griff hätten und keine Hilfe bräuchten. Manchmal werden die Grenzen auch in anderen Bereichen überschritten, dann führen pubertäres Imponiergehabe oder Selbstüberschätzung zu Unfällen und Entgleisungen.

Auch der Umgang mit Zigaretten, Drogen und Alkohol stellt für manchen Jugendlichen eine Gefahr dar. Viele Jugendliche kommen auf Grund von Schmerzen, z. B. Kopfschmerzen, Migräne oder Menstruationsbeschwerden erstmals in Kontakt mit Medikamenten, die Erleichterung verschaffen, aber auch ein Suchtpotential enthalten. Ich denke hierbei besonders an jugendliche Mädchen, die diese Medikamente zu Hause vorfinden und aufgrund ihrer Suizidpläne diese Medikamente häufiger als Jungen für einen weichen Suizid verwenden.

Meine eindrücklichsten Erfahrungen im Laufe der Pubertät von Kindern waren, egal ob Junge oder Mädchen, der veränderte Umgang mit ihrer Körperlichkeit. Einerseits der Wunsch nach Zärtlichkeit und Berührung und andererseits viel Einsamkeit und Berührungsmangel, die nicht mehr durch vermehrte Zuwendung der Eltern behoben werden können. Gerade die Phase des Sehnens nach einem Freund oder Freundin empfand ich bei meinen Kindern als Mutter am schwierigsten auszuhalten. Man spürt die Sehnsucht des Jugendlichen nach körperlicher Nähe und angenommen werden, aber eine mütterliche Umarmung bleibt absolute Ausnahme.

Und so empfinden es auch viele Eltern mit dem gemeinsamen Reden. Die Jugendlichen wollen nicht mit den Eltern über ihre Themen sprechen und dennoch stecken sie oft fest mit ihren Problemen und Konflikten, die sich in dieser pubertären Phase anhäufen. Vieles erscheint den Erwachsenen dann eigenartig und seltsam, aber „es ist halt typisch Pubertät". Und in dieser Phase sollen sich die Eltern zurückhalten.

Genau hier sehe ich auch die Schwierigkeit im Umgang mit suizidalen Krisen bei Jugendlichen. Sind es pubertäre Auffälligkeiten, die ich als Eltern wahrnehme und kann ich dabei gelassen bleiben oder soll ich meine Sorgen oder Zweifel mit dem Kind in einem gemeinsamen Gespräch austauschen? Respektiere ich die Abschottung meines Kindes in dieser Phase, oder wage ich einen Vorstoß, auch auf die Gefahr hin, dass ich zurückgewiesen werde. Kann ich seinen Worten vertrauen? Oder spielt er/sie mir etwas vor. Als junger Mensch feststellen zu müssen, dass man doch noch nicht mit den Herausforderungen klarkommt und Hilfe braucht, ist häufig sehr schambesetzt. Mit anderen Jugendlichen über gravierende Probleme gemeinsam zu sprechen, kann ebenfalls als Schwäche in der Peer Group gedeutet werden. Wenn sie es wagen, über ihr Thema offen mit Freundinnen zu reden, wird aufgrund deren mangelnder Erfahrung die Not und die Gefährlichkeit einer zugespitzten psychischen Situation häufig unterschätzt. Außerdem kommt es nach der Aussprache oft zu einer Drohung wie: „Aber sage es bloß nicht meinen Eltern!" So entsteht eine perspektivlose Sackgasse, aus der es kein Entkommen zu geben scheint.

Da ich es mit meiner Tochter, die als sehr temperamentvolles und durchsetzungsfähiges Kind galt, selbst erleben musste, wie extrem die Spannung im körperlichen und seelischen Bereich zwischen Kindsein und Erwachsenwerden sein kann, sehe ich es als einen Teil meiner Aufgabe an, andere Eltern auf diese Auffälligkeiten in der pubertären Phase ihrer Kinder aufmerksam zu machen. Es soll niemanden beängstigen oder dazu führen, die Kontrolle über die Kinder zu verschärfen. Im Gegenteil, wenn ich informiert bin und mit meinen Kindern Absprachen finden kann, werden sowohl Eltern als auch Jugendliche Sicherheit und Vertrauen bekommen. Ich betone aber auch an diesem Punkt, es kann trotz besten Bemühens auf beiden Seiten zu so gravierenden, fatalen Situationen und Missverständnissen kommen, dass es oft nicht gelingt, einen Menschen von seinem geplanten Suizid abzuhalten. Besonders schwierig ist die Situation, wenn der/die Pubertierende sehr rigoros und impulsiv im Alles-oder-Nichts-Modus denkt. Er/sie weiß dann sehr genau, dass jedes Sprechen über sein/ihr Vorhaben die Durchführung der geplanten Tat verhindern könnte.

Auch wenn ich im Folgenden über Möglichkeiten im Umgang mit suizidalen Jugendlichen schreibe, heißt es nicht, dass Eltern, Geschwister, Freunde und Therapeuten in jedem Fall einen Suizid verhindern können. Das ist wichtig, denn es beschämt Betroffene, wenn kluge Menschen ihnen kluge Hinweise, Ratschläge und Risikofaktoren aufzählen, mit denen ein Suizid erkannt oder verhindert werden könnte. Es verfestigt die Selbstverurteilung, als Mutter oder Vater versagt zu haben. Ich möchte andere Betroffene entlasten und nicht meine Tochter hochstilisieren, wenn ich sage, mein Kind war sehr lebensfroh, humorvoll, intelligent, nahm keine Drogen, hatte gute Freunde und lebte sehr intensiv. Ihre resilienten Faktoren waren fast alle ausgeprägt, denn sie hatte den Verlust ihres Vaters mit fünf Jahren und eine neue Familiensituation ohne größere seelische Einbrüche verkraftet. Trotz dieser Stärke, oder vielleicht gerade, weil sie so lebensfroh und offen war und gerade weil ich keine kontrollierende, überbehütende Mutter war, passierte dann der sexuelle Übergriff. Es gibt eben Lebenssituationen – und davon berichten mir auch viele Betroffene –, die grenzständig sind, weil ein Trauma dem nächsten folgt. Bevor man Luft geholt und den einen Tod verarbeitet hat, geschieht der nächste. Neben einer neuen Familiensituation nach Verlust oder Trennung eines Elternteils, dem Übergang ins Gymnasium und pubertären, psychophysischen Veränderungen müssen diese Kinder zusätzlich vielleicht einen sexuellen Übergriff, einen schweren Unfall oder den Abbruch einer Liebesbeziehung verkraften. Sie haben das Gefühl, mit dieser existentiellen Situation völlig allein dazustehen, da es nicht um einen kollektiv empfundenen Notstand geht, in dem man sich vielleicht mit anderen Menschen austauschen, einander helfen oder durch „geteiltes Leid“ seine Not lindern kann. Es ist manchmal hart, in ganz persönlichen Krisenzeiten mit Weltuntergangsstimmung erleben zu müssen, dass bei den Nachbarn oder in den Familien der Klassenkameraden das Leben scheinbar munter und undramatisch weitergeht.

Diese Frage „Warum muss es gerade mir passieren? Es ist doch schon so viel Schlimmes in unserer Familie passiert!" hörte ich oft von verzweifelten jungen suizidalen Patient*innen. Über die Lebenserfahrung, dass „unter jedem Dach ein Ach" wohnt und dass früher oder später jeder Mensch Schicksalsschläge erleiden wird, verfügt ein junger Mensch häufig noch nicht, und er will diese Botschaft auch nicht aus dem Munde eines Erwachsenen hören.

Hier sehe ich dennoch einen wichtigen Einstieg für Eltern im Umgang mit ihren suizidgefährdeten Kindern. Es ist unser Wissen als Erwachsene, dass sich im Leben vieles wieder verändern kann. Es gibt eine Zeit nach einer schwierigen Pubertät, es gibt die Hoffnung auf eine wunderbare Beziehung, auch wenn ich glaube, aus Liebeskummer sterben zu müssen. Obwohl ich eventuell gerade einen Unfall oder eine Krankheit erleben muss, die mich schwächt, weiß ich, dass es wieder Zeiten der Gesundung gibt und ebenso Möglichkeiten gefunden werden können, mit einer eventuellen Behinderung umzugehen. Nach einem Umzug mit Verlust meiner Freunde gibt es ein neues Zuhause, in dem ich mich einrichten und neue Beziehungen knüpfen kann. Auch wenn ich in der Schule oder am Praktikumsplatz versage und mir alles zu schwer wird im Leben, kann ich neue Wege finden und wieder Kraft und Selbstvertrauen aufbauen. Selbst wenn eine Familiensituation schrecklich ist und ich am liebsten weglaufen möchte, kann ich in einem Internat oder nach meinem Auszug aus einer unerträglichen Familiensituation mein Leben wieder sehr positiv erleben und später einmal meine Familie aus einem ganz anderen Blickwinkel anschauen. Ich kann eine Therapie machen, auch wenn ich zunächst davon ausgehe, dass mich keiner mehr versteht. Dieses Lebenswissen steht Erwachsenen im Umgang mit unseren verzweifelten Jugendlichen zur Verfügung, die keinen anderen Ausweg sehen, als ihr Leben aufzugeben.

Pubertierende können den schmerzhaften Spagat zwischen ausgeprägter körperlicher Entwicklung und gleichzeitig hoher intellektueller Reife einerseits und einer extremen Gefühlswelt andererseits manchmal nicht mehr aushalten.

Wie wenig ein pubertäres Mädchen an ein Ende ihres Leidens an Liebeskummer glauben kann, weil ihr Idol, ein Musicalstar der Schule, sie nicht liebt, wird in folgendem Gedicht meiner Tochter deutlich, das sie „Marco" genannt hat.

Marco, Du bist meine Sonne
So schön und voller Wonne.
Du bist so perfekt und wunderbar.
Man denkt, Du bist zum Greifen nah.
Und doch bist Du weit von mir weg. …
Die Sonne bleibt am Himmel nie lang.
Der Mond löst sie ab, mit schwarzem Gesang.
Wer die Sonne liebt, wird den Mond hassen,
Man möchte die Sonne nie gehen lassen.
Und jeden Morgen kommt sie wieder,
Auf unsere Welt herüber,
Um die Menschheit zu erfreuen.
Und niemand wird die Strahlen scheuen.
Doch ich hab' Angst, dass die Sonne meiner Welt
Sich nicht wie die andre verhält.
Wenn Du untergehst, hab' ich große Not,
Dass Du nie mehr aufgehst im Morgenrot.
Die Tage in meinem Leben vergehen,
Ohne meine Sonne zu sehen.
Keiner kann denken, wie das ist,
Wenn man die eigene Sonne vermisst. …
Mond und Sterne leuchten dann mit schwachem Schein,
Jedoch richtig hell und warm wird's nie mehr sein.

Es ist obsolet zu glauben, dass man sein suizidales, hoffnungsloses Kind mit klugen Lebenserfahrungssätzen aus dem Munde eines Erwachsenen in einer schweren Krise erreichen könnte. Im Gegenteil, wenn ich als Vater sage: „Liebes Kind schau, ich habe doch auch mein Leben trotz aller Krisen gemeistert", dann schaffe ich das Gegenteil von einer Gesprächsbereitschaft. Das Kind, das gekränkt ist und sich als unzulänglicher Lebensversager empfindet, wird sich unverstanden fühlen, sich weiter abkapseln und sich beschämt zurückziehen.

Schnell kann das Kind es wie ein Schulterklopfen erleben, eine Aufmunterung im Sinne von: „Kopf hoch, das geht schon vorbei und das Leben geht weiter!" Diese ermunternde Haltung erzeugt, obwohl gut gemeint, eine sofortige Aversion im Gegenüber. Gerade in der Pubertät reagieren Jugendliche gereizt auf alles, was Erwachsene sagen. Schließlich sind sie dabei, ihre eigenen Meinungen und Einstellungen zum Leben zu formen.

Ebenso sollte man nicht aus einem Ärger oder einer Unwissenheit heraus die Suizidalität als einen pubertären Unfug abtun, im Sinne von: „Jetzt reiß dich mal zusammen, du musst halt mal erwachsen werden und lernen, deine Aufgaben zu erfüllen. Kein Wunder, dass du durchhängst, wenn du nicht mehr richtig isst, keinen Sport mehr machst und nachts nicht mehr schläfst."

Viele Eltern fühlen sich hilflos und möchten das ganze Thema auch aus Ratlosigkeit am liebsten gleich delegieren. Erschöpft durch die aufreibenden Auseinandersetzungen mit ihren Jugendlichen wollen sie das Problem gerne abgeben und sagen: „Am besten, du sprichst mal mit dem Schulpsychologen oder wir gehen zu einer Beratungsstelle." Dies ist zwar gut gemeint und sinnvoll, doch viele Jugendliche reagieren darauf mit Abwehr wie z. B.: „Ich bin doch nicht bekloppt, die schicken mich dann in die Klapse.“ Das Kind bekommt das Gefühl, von den Eltern als schwierig und problematisch abgeschoben zu werden.

Gehen Sie bitte davon aus, dass Sie als Eltern der wichtigste Schutzfaktor vor dem Suizid ihres Kindes sind. Dies sage ich auch deshalb, weil ich von vielen Eltern nach dem Suizid ihrer Kinder oft den Satz hörte: „Hätte ich mich doch nur auf meine Intuition verlassen und nicht so sehr auf andere gehört. Hätte ich doch auf meinen Mann gehört, der mir sagte, mit unserem Jungen stimmt was nicht.“

Hierzu zwei Beispiele:

Ein 18-jähriger junger Mann ging seit mehreren Monaten regelmäßig wegen einer Depression zu einer Psychotherapeutin. Die Mutter bemerkte, dass sich ihr Sohn immer weiter von seinem Freundeskreis zurückzog und schließlich nur noch Kontakt zu seiner einzigen Schwester hielt. Die Mutter bat um ein Gespräch bei der Therapeutin und äußerte darin ihre Angst darüber, dass ihr Sohn sich etwas antun könnte. Die Psychotherapeutin beruhigte die Mutter mit folgendem Satz: „Ihre Sorge ist unbegründet, das traue ich Ihrem Sohn nicht zu, denn in den Gesprächen betont er immer wieder, wie sehr er an seiner Familie hängt und wie sehr er sie liebt.“ Drei Tage später nahm er sich das Leben.

*Die Mutter einer 14-jährigen Schülerin machte sich zunehmend Sorgen um ihre Tochter. Seit einigen Monaten beobachtete sie an ihr einen Leistungsknick und zunehmendes Desinteresse in Bezug auf ihre Mitschüler*innen. Wegen der konfliktgeladenen Situation in ihrer Familie wollte sie gemeinsam mit Eltern und Geschwistern eine Familienaufstellung bei* *einem Therapeuten machen. Am Ende dieser Sitzung mit sehr viel signalisierter Sorge auch durch andere Teilnehmer*innen in Bezug auf die Tochter, sagte die Mutter: „Ich nehme meine Tochter heraus aus der Familie und ziehe mit ihr vorübergehend in eine kleine Wohnung. Es ist fünf vor Zwölf und ich habe Angst, dass meine Tochter krank wird." Der Therapeut beruhigte die Mutter und schlug vor, zunächst mit dem Ehemann über alles zu sprechen und eventuell eine Paartherapie zu machen. Die besorgte Mutter ließ daraufhin von ihrem Vorhaben, einer kurzfristigen Entzerrung der Lage durch einen Auszug, ab. Einen Monat später nahm sich die Tochter das Leben.*

Es wird zwar die Sorge ausgesprochen und auch gehört, doch letztendlich bleibt die Aussage ohne Konsequenz. Seit ich diese Mitteilungen von Betroffenen näher verfolge, rate ich Eltern stets, nach ihrem Bauchgefühl zu handeln und sich nicht von anderen etwas einreden zu lassen. Wenn Sie sich Sorgen machen oder vermuten, dass Ihr Kind einen Suizidversuch begehen will, versuchen Sie, Ihre Sorge sehr offen mit allen Familienmitgliedern zu thematisieren und vermitteln Sie Ihrem Kind, wie wichtig sein Platz im Familiensystem ist.

Was kann ich tun, wenn mein Kind suizidal ist

Als Eltern zu erfahren, dass das eigene Kind nicht mehr leben will, ist schrecklich. Sofort denken sie, dass es junge Menschen sind, die ihr ganzes Leben vor sich haben, die so viel Hoffnung und Zukunft in sich tragen. Wie ihre Kinder doch gerade erst im Begriff sind, ihre eigene Lebensaufgabe zu suchen. Oder es schwirren ihnen Sätze durch den Kopf wie: „Was habe ich falsch gemacht, dass mein Kind dieses Leben, trotz all meiner Fürsorge und Unterstützung, als unwert erachtet? Soll all meine Fürsorge umsonst gewesen sein?“ Und dann muss man auch noch den Satz hören, dass man einen Menschen nur tüchtig genug lieben müsse, damit er sich nicht umbringt.

Wenn Sie den ersten Schrecken, Ihre Angst, Ihre Hilflosigkeit, Ihre Enttäuschung oder sogar Ihre Wut über die Annahme, dass Ihr Kind suizidal ist, überwunden haben, reden Sie bitte mit ihm. Am besten suchen Sie ein Zweiergespräch in einer ruhigen, ungestörten Atmosphäre. Sprechen Sie ganz offen über Ihre Sorge und Ihre Angst, dass es sich etwas antun könnte. Gehen Sie dabei immer davon aus, dass Ihr Kind nicht nur sterben will, sondern dass es unter geänderten Bedingungen leben will. Es ist momentan nur nicht in der Lage, sich diese neuen Bedingungen vorzustellen. Es ist in einer Phase der völligen Resignation und erlebt sich chancenlos in der Auseinandersetzung mit den vorhandenen Problemen. Diese Ohnmacht erlebt es als beschämend und kränkend, da es Ihnen als Eltern und dem Umfeld nicht die ersehnte oder erwartete Lebensfreude und Lebendigkeit bieten kann.

Erwarten Sie bitte keine raschen Erklärungen oder gar Lösungen im gemeinsamen Gespräch. Es ist zunächst lediglich der Versuch, ein Band zwischen Ihnen und Ihrem Kind zu knüpfen, um es in seiner Hoffnungslosigkeit zu erreichen. Auch wenn Sie sich unsicher fühlen, seien Sie sich gewiss, dass Sie Ihr Kind am längsten kennen, es in vielen schwierigen Situationen vor Gefahren beschützt haben, in aufregenden Momenten begleitet haben und insofern Experte oder Expertin sind. Stehen Sie Ihrem Kind zur Seite, auch wenn es sich im Zusammenhang mit seinen suizidalen Gedanken anders als früher verhält.

Die Reaktionen Ihres Kindes im Gespräch können sehr unterschiedlich sein. Vielleicht lacht Ihr Kind verlegen und blockt das Gespräch sofort ab. Vielleicht fühlt es sich entdeckt und schämt sich, mit Ihnen über das Geheimnis reden zu müssen. Vielleicht beginnt es zu weinen.

Oder es passiert Folgendes, wie damals bei meiner Tochter, als ich sie erstmals auf ihre Suizidalität mit dem Satz ansprach: „Was hast du eigentlich vor, Hanna?"
Sie blickte mich offen mit ihren großen blauen Augen an und meinte dann sehr vorwurfsvoll: „Mama, dich kann man wirklich nichts mehr fragen, immer denkst du gleich an was Schlimmes. Ich bin doch keine Patientin von dir!" Nach dieser Reaktion zog ich mich beschämt zurück, denn ich fühlte mich als besorgte Therapeutin ertappt und machte mir Vorwürfe, meine Tochter wie eine Patientin mit einer angeblichen Suizidalität ungerechtfertigt konfrontiert zu haben. Hanna erwischte mich an einem ganz wunden Punkt, denn ich wollte niemals als Mutter therapeutisch mit meinen eigenen Kindern umgehen. Also glaubte ich ihr die Lüge und entschuldigte mich für meine Fehleinschätzung ihrer Frage.

Dieses Beispiel verdeutlicht, dass Sie sich nicht zu schnell von Ihrem Eindruck der Suizidgefährdung Ihres Kindes abbringen lassen sollten. Halten Sie den Gesprächsfaden weiterhin fest und lassen Sie Ihr Kind nicht aus dem Kontakt. Vermitteln Sie ihm Ihre sorgenvollen Beobachtungen und versichern Sie ihm Ihre bedingungslose Liebe. Im Gespräch mit meiner Tochter hätte ich sagen können: „Ach, Hanna, du bist immer so ein kraftvolles Mädchen und schaust mich so strahlend mit deinen Augen an, aber irgendwie habe ich in letzter Zeit immer den Eindruck, dass etwas nicht stimmt und du eine Theaterrolle in der Familie spielst. Ich mache mir um die eigentliche Hanna große Sorgen, wenn sie nicht mehr essen will, sich immer im Zimmer zurückzieht und nicht schlafen kann."

Oder fragen Sie Ihr Kind, ob es schon einmal daran gedacht hat, dass sein Leben keinen Sinn habe. Erzählen Sie ihm, dass Sie als Jugendliche vielleicht auch schon einmal solche Gedanken hatten und dass Sie zum Glück nicht den schrecklichen, letzten Schritt getan haben.

Wenn das Kind die Suizidalität zugesteht, dann fragen Sie genauer nach. Fragen wie „Was hast du dir denn vorgestellt oder hast du dir schon was gekauft, einen Strick oder Medikamente?", dürfen gestellt werden. Sie brauchen keine Angst davor zu haben, dass durch das Nachfragen die Suizidalität Ihres Kindes zunimmt. Im Gegenteil, es kann eine Erleichterung sein, endlich diese schrecklichen Vorstellungen und Fantasien, die ein Tabu darstellen, vor einem anderen Menschen auszusprechen.

Aber bitte bewerten Sie niemals das Gesagte. Ihr Kind sollte Ihre Aufmerksamkeit und Ihr Interesse erfahren, doch keine Einschätzung eines patenten Erwachsenen anhören. Bleiben Sie auf der Ebene der Einfühlung und des Verständnisses. Obwohl Sie die Eltern sind, haben Sie keine Vorstellung davon, welche Hoffnungslosigkeit und welche Gefühle gerade Ihrem Kind zu schaffen machen. Vor allem sagen Sie nicht, dass gar kein Grund bestünde, sich das Leben zu nehmen, wo es allen in unserer Gesellschaft so gut gehe.

Auch die besten Eltern können nicht wissen, wie es im Inneren ihres Kindes aussieht, wenn es suizidal ist.

Zum Umgang mit suizidalen Jugendlichen hier ein Beispiel aus meiner Praxis:

> *Die Mutter sprach sehr offen ihre Sorge über das „verkommene" Aussehen ihres 16-jährigen Sohnes an. Sie fragte ihn, warum er so dünn geworden sei und nicht mehr richtig esse. Seine Schwester verfolgte das Gespräch und fragte ihn, warum er sich nicht mehr mit seinen Freunden treffe und nur noch Kontakt zu ihr suchen würde. Weinend gestand der junge Mann seinen Drogenkonsum und dass er deshalb keinen Kontakt mehr zu seinen Freunden haben wolle. Er schäme sich vor allen, weil er ein Versager sei und deshalb wolle er sich umbringen. Geschockt von dieser Aussage suchte die Mutter mit ihrem Sohn einen Psychiater auf, der ihn in Behandlung nahm. Die Mutter und die Schwester delegierten das Problem an einen Fachmann, da ihnen die Aussagen Angst machten. Die Entscheidung, Hilfe von außen anzunehmen, erschien zunächst absolut richtig. Doch später sagte der Sohn zu seiner Schwester, dass er sich abgeschoben gefühlt habe von der Familie und verschloss sich seinem Therapeuten gegenüber. Erst ein Jahr später wandte er sich an eine Suchtberatungsstelle und seine suizidalen Gedanken ließen nach.*

Dieses Beispiel zeigt, wie wichtig es ist, den oder die Suizidale*n, wenn er oder sie sich gerade ein bisschen mit seinem oder ihrem Kummer in einem vertraulichen Gespräch öffnet, nicht sofort weiterzuleiten an eine Fachperson. Vertrauen Sie darauf, dass Sie primär, wie im geschilderten Fall, als Eltern oder auch als Geschwister ganz wichtige Gesprächspartner sind. Erst wenn dieses Vertrauen gefestigt und auch als etwas Gutes benannt wird, kann über weitere Schritte gemeinsam gesprochen werden.

Ein positives Beispiel einer Mutter, die bei mir in Therapie war, im Umgang mit ihrer vierzehnjährigen suizidalen Tochter:

> *Die Mutter erzählte mir von ihrer Sorge über die ständigen Kopfschmerzattacken der Tochter. Immer wieder bliebe die Tochter der Schule fern und fordere Schmerzmittel ein. Die Kopfschmerzen sah die Mutter im Zusammenhang mit den beginnenden, unregelmäßigen Monatsblutungen ihrer Tochter. Erst bei näherem Nachfragen erfuhr ich, dass der Ehemann die Familie wegen einer jüngeren Partnerin verlassen hatte. Die Ehefrau und ihre beiden Töchter waren verletzt, wütend und wollten keinen Kontakt mehr zum Vater.*
> *Ich empfahl der Mutter, zu beobachten, wohin sich ihre Tochter zurückziehe, wenn sie wegen der Kopfschmerzen zu Hause blieb. Es war ein nahegelegener Spielplatz mit einer Holzwippe, worauf sich die Tochter mit gesenktem Kopf und vorgebeugtem Oberkörper, völlig in sich gekehrt, setzte. Die Mutter erlebte dieses Bild als Ausdruck tiefer Trauer. Es fehle jemand auf der anderen Seite, der das Gleichgewicht wieder herstellen solle, damit wieder ein gemeinsames vergnügtes Wippen möglich würde. Die Mutter nahm meinen Vorschlag, die Tochter auf dem Spielplatz aufzusuchen und die andere Seite der Wippe einzunehmen, an. Später berichtete sie mir, wie ihre Tochter eine andere Haltung einnahm, beide schweigend auf und ab wippten und nur die Blicke einander begegneten. Erst beim zweiten Treffen begann die Tochter während des Wippens dar-*

über zu sprechen, dass sie mit ihren Kopfschmerzen nicht mehr weiterleben wolle. Die Mutter bekam Angst und wollte mich als Psychotherapeutin einschalten. Ich ermunterte sie, sich mit der Tochter weiterhin auf der Wippe zu treffen und zu reden. Zusätzlich solle sie einen Neurologen aufsuchen, der wichtige Untersuchungen und eine adäquate Schmerzbehandlung für die Tochter durchführen solle. Der bestehende Schmerz solle ernstgenommen und auch organisch abgeklärt werden. Schließlich führte das gemeinsame Gespräch auf der Schaukel von den Kopfschmerzen weg, hin zur Trennungstrauer über den Wegzug des Vaters. Die angestaute Wut darüber, dass er eine junge Frau seiner geliebten Tochter vorzog, konnte die Tochter endlich aussprechen. Die Mutter berichtete dem Ehemann von den Suizidgedanken der Tochter und stellte den Kontakt zwischen beiden wieder her. Nach einigen Monaten pendelte sich das Leben wieder ein und durch die regelmäßigen Treffen mit dem Vater konnte die Tochter Vertrauen in sich und ihr Leben wiederfinden.

Auch hier gilt der Grundsatz, das Gesagte niemals rasch zu bewerten oder vorschnelle Entscheidungen zu treffen. Ihr Kind sollte Ihre Aufmerksamkeit und Ihr Interesse erfahren, doch keine Einschätzung eines patenten Erwachsenen anhören.

In diesem Zusammenhang und mit dem Wissen, dass kein Mensch nachvollziehen kann, wie es im Inneren seines Kindes aussieht, wenn es suizidal ist, möchte ich folgenden Text meiner Tochter anfügen:

Schmerzen

Wenn wir uns ein Bein brechen, dann reden wir von Schmerzen.
Doch sind das, richtige Schmerzen?
Ich denke, dass die meisten Menschen nicht wissen, was richtige Schmerzen sind.
Schmerzen, wahre Schmerzen sind das, was ich empfinde, wenn ich an dich denke,
Wenn ich mich nach dir sehne, wenn ich bei dir sein will.
Ich weiß nicht, wo ich den Schmerz spüre.
Im Herzen, im Kopf oder in meinen Gedanken?
Früher habe ich mir gedacht, wenn schon allein die Vorstellung an eine unglückliche Liebe so schmerzvoll sein kann, wie schmerzvoll ist es, wenn man sich unglücklich verliebt?
Ich habe dieses Gefühl erlebt, und ich kann nur sagen, dass ich es niemandem wünsche.
Wer wissen will, was wahre Schmerzen sind, der muss zuerst lernen zu lieben.
Man sagt, dass die Zeit alle Wunden heilt.
Und wenn man keine Wunden mehr hat, hat man auch keine Schmerzen.
Aber was mir wehtut sind meine Gedanken, meine Erinnerungen an dich,
Und Erinnerungen bleiben ein Leben lang.

Wenn ein Kind in einer suizidalen Krise solche Schmerzen empfindet, ist es völlig unsinnig, ihm zu verdeutlichen, was es an Lebenswürdigem besitzt oder wie liebenswürdig es ist. Auch ein wohl gemeinter, rascher Aufbau eines besseren Selbstwertgefühls mit Lob über seine bisherige Lebensleistung kommen in dieser Situation nicht an.

Es ist besser, sorgenvoll nachzufragen, warum das Kind so traurig oder ratlos erscheint und offensichtlich gar nicht mehr richtig weiter weiß. Oder fragen Sie konkret nach, wann es ihm besonders schlimm gehe oder wodurch es in der letzten Zeit besonders verletzt wurde. Wenn es abblockt und sagt, dass es keinen Sinn mehr dafür gebe, darüber zu reden, dann fragen Sie weiter und bleiben etwa mit Folgendem im Gespräch: „Egal, auch wenn du momentan hoffnungslos bist, was müsste passieren, damit du wieder Hoffnung für ein Gespräch oder eine Veränderung erfahren kannst?“, „Wann gab es das letzte Mal einen Augenblick, an dem du dachtest, das Leben könnte wieder erträglich werden?“, „Gibt es vielleicht doch einen Part in dir, der leben will und dir sagt, dass es vielleicht einen Weg gibt, der zurück in die Lebendigkeit führt?“, „Wieviel Aufmerksamkeit und Zeit willst du diesem Teil in dir geben?“

Durch ein solches Nachfragen kann Ihr Kind aus einem Schwarz-Weiß-Denken oder der absoluten, rigorosen Vorstellung von ersehntem Tod einerseits und schrecklichem Leben andererseits langsam herausgeführt werden. Seine fatalistischen Annahmen im „Alles-oder-Nichts-Modus“ können durch das Aufzeigen von feineren Nuancen, von Unterschiedlichkeiten oder interessanten Grautönen im Lebensalltag, zumindest in der Fantasie von Ihrem Kind dann zugelassen werden. Der Wunsch ist dabei, die einseitigen, starren Sichtweisen und Denkmuster des suizidgefährdeten Kindes aufzulockern. Meist ist es hilfreich, in diesem Zusammenhang die Frage von Durchschnittlichkeit oder Normalität in der Familie anzusprechen. Perfektionismus und hoher Leistungsanspruch an sich selbst und andere schüren die Versagensgefühle in uns Menschen.

Im gemeinsamen Gespräch ist es immer wieder hilfreich davon auszugehen, dass ein suizidaler Jugendlicher immer noch über einen kleinen Lebensanteil verfügt, der leben will. Diesen Teil herauszufinden, ihm eine Stimme zu geben und anzuhören ist sehr wichtig. Denn entscheidend zum Weiterleben wollen ist die Vorstellung, trotz aller Ausweglosigkeit der Situationen ein Bild einer veränderten Lebenslage zu entwerfen, das ein Weiterleben lohnenswert erscheinen lässt.

In die fragliche Zukunft gerichtet können folgende Sätze hilfreich sein: „Was könnte ich oder wir als Familie tun, damit sich dein Leben lohnen könnte? Wieviel Zeit gibst du dir, mir und deinen Freunden, um es langsam herauszufinden und daran zu arbeiten?", „Wenn ein Wunder geschehen würde oder ein Zauberer käme und dir drei Wünsche erfüllen würde, taucht dann ein Licht am Ende des dunklen Tunnels auf? Oder musst du für eine Wunscherfüllung oder eine Erleichterung diese Welt verlassen?", „Vielleicht gibt es ein Krafttier, welches dir zur Seite steht oder dir auf die Schulter klopft, wenn du eine neue Sicht der Dinge zulassen oder einen neuen Schritt in deinem Leben ausprobieren willst? Wo soll sich dieses Tier hinstellen und was soll es tun?", „Wenn du so lebensmüde und erschöpft bist, wo wäre ein sicherer Ort hier auf unserer Erde, an dem du mal früher glücklich und zufrieden warst, wo du mal in aller Ruhe auftanken könntest? Vielleicht malst du dir einen fantasierten Ort aus, an dem du dich eine Zeit lang aufhalten willst, um ein wenig Energie zu tanken." (Übung zum „sicheren Ort" und weitere Beispiele siehe Teil III, S. 207-215, Kapitel „Übungen zum Thema ‚Belastungen tragen'".)

Obwohl sich viele Suizidale vor ihrem Tod keinem Gespräch mehr öffnen, glaube ich weiterhin, dass miteinander sprechen wichtig und hilfreich ist. Suizidgefährdeten Kindern und Jugendlichen fällt es ungeheuer schwer, ehrlich über ihre Probleme und die Gefühle, die sie belasten, zu sprechen. Solange es uns gelingt, mit ihnen im Kontakt zu bleiben und wenn nötig gemeinsam eine psychotherapeutische Unterstützung zu suchen, besteht Hoffnung.

Falls es dennoch zu einem Suizid kommt, bleibt es für die Hinterbliebenen wichtig, nicht zu verstummen und im Austausch mit anderen Menschen zu bleiben. Das gilt für Familienangehörige, Freunde, Nachbarn und professionellen Helfenden gleichermaßen. Mein Credo dabei lautet: „Bleib mutig und mute dich den anderen zu!“ Auch wenn Sie nicht reden und einfach nur nicht allein sein wollen, suchen Sie sich einen vertrauten Menschen und sagen Sie ihm, was Sie haben möchten.

Den Unterstützenden rate ich, einfach dranzubleiben, auch wenn sie unsicher sind: Fragen Sie, was Sie machen sollen und ermuntern Sie andere, trotz ihres Lebensüberdrusses und ihrer Trauer weiter zu reden und im Kontakt zu bleiben, auch wenn dies nicht immer einen Suizid verhindern wird.

Familiensysteme und die Rolle des suizidalen Kindes

Da jedes Familiensystem sehr individuell gestaltet ist, bleibt es eine wichtige Aufgabe für Eltern, mit dem suizidalen Kind gemeinsam herauszufinden, welche Rolle es bislang in der Familie erfüllte. Wenn die Situation sehr verwickelt ist und Sie sich überfordert fühlen, können Sie eine Beratungsstelle oder eine Psychotherapie-Praxis aufsuchen, da der Blick eines Außenstehenden sehr hilfreich sein kann. Therapeuten können Hilfestellungen, Anregungen geben oder mögliche Wege aufzeigen. Die Eltern brauchen sich allerdings nicht zurückzuziehen und das Feld den Fachleuten überlassen. Ihre Expertise als Eltern bleibt wichtig!

Einige wichtige Fragen, die sich Betroffene in Bezug auf Suizidalität im Zusammenhang mit dem Familiensystem stellen sollten, sind im Folgenden aufgeführt:

Erfüllt das suizidale Kind unbewusst eine Rolle im Familiensystem, welche es überfordert?

Ist Ihr Kind eventuell in die Rolle des*der Gebenden gerutscht, weil es in der Familie eine Person gibt, die eine ständige, einseitige Geberhaltung einnimmt und sich dabei von anderen Familienmitgliedern ausbeuten lässt? Eine über Jahrzehnte unbearbeitete Schuld- oder Übergriffsthematik in den Herkunftsfamilien kann Ursache für eine solche Selbstaufopferung sein. Ist dies der Fall, lohnt es sich, eine Balance herzustellen zwischen Geben und Nehmen, damit nicht das Kind unter einen unbewussten Erwartungsdruck der Eltern gerät. Dieses Rollenmuster sollte bearbeitet werden, damit es nicht auf die weiteren Generationen übergeht.

In unausgewogenen Familiensystemen herrschen oft sogenannte „Emotionale Erpresser“, welche über Angst, Verpflichtung und Schuld andere Menschen kontrollieren und manipulieren. Eine gesunde Beziehung erfordert Aufrichtigkeit und wechselseitiges Mitgefühl. Erwachsene und Kinder können sich entwickeln und sich als selbstbewusste Persönlichkeiten erleben. Die Opfer einer toxischen Beziehung fühlen sich durch Androhung von Trennung und Verlustszenarien ihres Gegenübers ständig unter Druck gesetzt, kontrolliert oder gar manipuliert. Frustration macht sich in ihnen breit, ihre Entwicklung stagniert und sie sehen keinen Ausweg.[7]

Bleiben Sie achtsam für Sätze wie diese: „Wenn du das nicht machst, dann liebe ich dich nicht mehr und ich verlasse dich oder du kannst gehen." Auch wenn die Antwort, anstelle eines Argumentes, auf eine wichtige Auseinandersetzung lautet: „Entschuldige, dass ich überhaupt geboren bin", sollten Sie hellhörig werden. Die Beziehungsfallen mit verbalem und emotionalem Missbrauch sind subtil und gefährlich.

Es kommt aber auch vor, dass ein Kind für ständige Lebendigkeit in einer trauernden Familiensituation sorgt. Manchmal lebt es gar für zwei, für sich und für die trauernde Mutter, die vielleicht ihren Ehemann verloren hat. Dieses Kind wird sich zwangsläufig erschöpfen und wird die Rolle nicht verlassen, da es die geliebte, trauernde Person schützen will. Dieses Kind sollte eine Chance bekommen, aus seiner Rolle befreit zu werden, Dank für seine jahrelange Anstrengung erhalten und den Satz: „Mir geht es jetzt gut. Ich danke dir für alle Jahre, die du mich unterstützt hast, aber jetzt brauche ich es nicht mehr. Ich freue mich, wenn du ab jetzt deine eigene Kraft für dein Leben einsetzt."

Oder wird ein Kind gar als Partnerersatz gewählt und soll eventuelle Bedürfnisse nach Nähe und Kontakt für einen Erwachsenen befriedigen? Wenn sich Mütter überfordert fühlen

7 vgl. Green, Emory: Emotionale Erpresser

und dem Wunsch nach Liebe und Anerkennung ihres Ehemannes nicht mehr nachkommen wollen, schieben sie vielleicht ihre Tochter in eine solche Rolle: „Geh doch mal zum Papa und kraule ihm die Haare oder setze dich doch zum Papa, damit er nicht so allein ist." Zunächst fühlt sich dieses Kind besonders beachtet und wichtig. Es kommt jedoch zunehmend in eine Überforderung und fühlt sich von den Erwachsenen missbraucht.

Erbringt ein Kind vielleicht ständige Leistungen, um das belastete Familiensystem neu zu gestalten? Vielleicht spürt es eine vorhandene Überforderung der Eltern. Grund für diese Belastung können andere Kinder sein, die nichts für das gemeinsame Familiensystem beitragen. Das aufmerksame Kind will einen Ausgleich dafür schaffen, springt ständig ein und überfordert sich zunehmend.

Eine wichtige Fragestellung kann lauten: „Darf das Familiensystem eine Normalität ausstrahlen oder muss es immer etwas ganz Besonderes sein?" Wenn in einer Familie viele traumatische Ereignisse stattgefunden haben, ist folgende Frage für die Betroffenen erlaubt und wichtig: „Bei all den vielen schlimmen Ereignissen in der Vorgeschichte, dürfen wir es uns da nicht zugestehen, dass alles etwas langsamer geht und nicht alles perfekt läuft in unserer Familie?"

Besonders in Familiensystemen mit vielen Kindern oder in Patchworksituation ist es wichtig herauszufinden, ob sich das suizidale Kind abgelehnt fühlt. Gerade in Patchworkfamilien prallen häufig unterschiedlichste Lebenseinstellungen und Verhaltensmuster aufeinander. Das Zusammenwachsen in die jeweilige Geschwisterposition erfolgt meist abrupt. Ein Part ist vielleicht eher aufgeschlossen und legt Wert auf die Förderung eines guten, sozialen Verhaltens. Der andere Part ist eher leistungsorientierter, durchsetzungsfähiger und neigt dazu, andere

Kinder auszulachen oder zu degradieren. Oder die Altersunterschiede sind zu gravierend, um ein gesundes Miteinander in der Patchworksituation wachsen zu lassen. Schließlich könnte die Interessenlage von Pubertierenden und Kleinkindern nicht unterschiedlicher sein.

Wenn sehr starke Leistungsunterschiede bei den Kindern in einer gemeinsamen Familie existieren, kann sich ein Kind überfordert fühlen. Grund kann auch eine Behinderung oder Erkrankung sein. Erklären Sie bitte Ihrem Kind, wenn es momentan die Leistungen in der Schule nicht erbringen kann, dass es geliebt wird um seiner selbst willen.

Andererseits kann ein sehr unkompliziertes, intelligentes Kind, welches stets gute Leistungen erbringt, an Beachtung oder Lob verlieren, während andere, problematischere Kinder ständig gefördert werden und wegen einer Note Verbesserung gleich gelobt werden. Falls ein behindertes Kind wenig erreichen kann, entwickeln die anderen Kinder oft eine Lebensschuld. Es darf ihnen nicht gut gehen im Leben, denn ansonsten befürchten sie Neid und Eifersucht des behinderten Geschwisters. Das gleiche Thema existiert bei Kindern, die sich aus dem sozialen Gefüge ihrer Ursprungsfamilie herausarbeiten. Die Eltern und Geschwister sind zwar stolz auf das Kind, welches studiert und tolle Leistungen erbringt, dennoch erschöpft sich dieses Kind häufig in seiner Rolle, die ihm von keinem Familienmitglied vorgelebt wurde, und es fühlt sich dann oft alleingelassen. Es ist unfassbar, welche Dynamiken diesbezüglich zwischen Eltern und Kindern ablaufen können. Manche Mädchen schämen sich, wenn sie größer als ihre Mütter werden und verheimlichen das. Söhne zeigen Hemmungen, den Vater intellektuell zu übertrumpfen.

Achten Sie in neuen Familienkonstellationen darauf, ob sich ein Kind ausgegrenzt oder gar überflüssig fühlt. Vielleicht hat ein Kind seine ehemalige Rolle verloren, z. B. als Nesthäkchen an der Seite der Mutter, weil ein jüngeres Kind die Liebe der Mutter einfordert.

Wichtig ist es zu erkennen, ob es aufgrund von zu viel Harmoniebestrebungen zu einer Abschottung der Familie nach außen kommt. Ein typischer Satz könnte lauten: „Bei uns in der Familie läuft alles richtig, aber in der Außenwelt droht die Gefahr.“ Dieses System neigt zur Isolation, bestätigt sich selbst in seiner Großartigkeit, schaut auf andere Familien herab und es entsteht der Eindruck, dass sich alle Familienmitglieder ohne Worte verstehen. Diese Haltung kann psychosomatischen Beschwerden und auch Suizidalität die Türe öffnen.

In einem leistungsorientierten, perfekten Familiensystem als Jugendlicher plötzlich zu erfahren, dass man aufgrund seiner Schwäche oder Depression versagt oder ausgelacht und diskriminiert wird, belastet den Betroffenen sehr. Beschämt sieht er sich als eine Belastung für die Eltern und das gesamte System. Viele äußern das Gefühl, dass es der Familie besser gehen würde, wenn sie einfach tot wären.

Grundsätzlich ist es wichtig, dass sich Ihr Kind wieder zugehörig fühlen kann zu seiner Familie. Mit seiner erlebten Suizidalität bricht meist das Gefühl von Zugehörigkeit ab. Zunächst betrifft es die Zugehörigkeit zur Familie, dann zu Freunden, dann zu Tieren, dann zur Natur und dann hält das Kind nichts mehr auf dieser Welt. Insofern stellen Sie sich und später dem Kind die Frage, für wie stark es sich mit Ihnen als Mutter, Vater, Eltern, Großeltern verbunden fühlt? Stellen Sie die Frage, zu wem das Kind Vertrauen hat und bei wem es sich Hilfe suchen würde? Versuchen Sie außerdem herauszufinden, ob es sich ausreichend gesehen und unterstützt fühlt von den Eltern oder Geschwistern?

Es sollte ausreichend Zeit und einen ruhigen Ort geben, um die Fragen oder Nöte gemeinsam mit dem Kind zu erörtern. Oder vielleicht will es erzählen, was es in der Schule oder bei seinen Freund*innen Neues erfahren hat, was es interessiert und beschäftigt.

Wenn Sie auf diese Fragen keine befriedigenden Antworten bekommen, dann machen Sie innerlich einen Plan, wie Sie mehr gemeinsame Zeit mit Ihrem Kind verbringen könnten. Ein Stadtbummel, ein Kinobesuch, eine gemeinsame Fahrradtour mit Camping bieten die Chance für Gespräche und eine eventuelle Neugestaltung der Beziehung.

Die Frage nach dem Sinn des Lebens

Wie bereits am Anfang des Buches angedeutet, taucht im Zusammenhang mit Suizidalität meist die Frage nach einer Aufgabe, nach einem Inhalt oder eben nach dem Sinn des Lebens auf. Befindet sich ein*e Jugendliche*r in einer akuten suizidalen Krise, sollten Sie nicht mit ihm/ihr eine Diskussion über die Sinnhaftigkeit des Lebens beginnen. Die Fragestellung wird leicht zu einer Falle, denn am Ende bemühen Sie sich vergebens, Ihrem erschöpften, depressiven und resignierten Kind einen Lebenssinn vorzugeben. In seiner Unfähigkeit einen Sinn zu finden, rutscht es vielleicht noch tiefer ab und sein Gefühl auch in der Auseinandersetzung mit dieser wichtigen Frage zu versagen, mindert zusätzlich sein Selbstwertgefühl.

Es reicht also, wenn Sie in dieser suizidalen Phase Ihrem Kind vermitteln, dass der Sinn des Lebens das Leben selbst ist, welches mal leichter und sonniger abläuft, aber auch schwierig, belastend und düster erlebt werden kann. Sagen Sie ihm voller Gewissheit, dass Sie noch nie ein Leben gesehen hätten, wo Trauer, Weinen und Dunkelheit nicht irgendwann wieder verschwunden seien.

In der akuten Krise Ihrem Kind philosophische Fragestellungen zuzumuten, wird es als eine zusätzliche Überforderung erleben. Angebrachter sind Fragen wie: „Was brauchst du, um diesen Tag und dich heute zu akzeptieren, auch wenn du ihn als sinnlos empfindest und dich kraftlos fühlst?“, „Vielleicht ist es sinnvoll genug ein heißes Bad oder eine warme Dusche zu nehmen?“, „Schmecke doch mal, ob du Lust hast, dich einfach in die Hängematte zu legen oder dir ein Lager auf dem Sofa einzurichten.“, „Was möchtest du gern trinken? Lieber etwas Warmes oder lieber etwas Kaltes?“, „Auch auf die Gefahr hin, dass du es ablehnst, frage ich dich mal, ob du Lust auf dein Lieblingsessen hast."

Aus diesen Fragestellungen lassen sich bereits die weiteren Fragen nach dem Sinn des Lebens oder nach einer Lebensaufgabe herleiten. Der Sinn des Lebens kann sein, sich jeden Tag zunächst zu fragen: „Wie geht es dir heute, was ist dein Bedürfnis, was sagt dir dein Körper, was magst du, was magst du nicht?"

Wenn es dem Kind schwerfällt, Bedürfnisse zu äußern, dann erinnern Sie es an frühere Dinge, die es mochte und sagen Sie ihm, dass all diese Erinnerungen in seinem Körper gespeichert sind. Erklären Sie ihm, dass ein Mensch niemals das Laufen verlernen würde, wenn er vorübergehend nicht laufen kann, weil ein Beinbruch heilen muss oder momentan keine Basis zum Laufen vorhanden ist, denn diese Funktionen blieben im Körper gespeichert.

Es hilft einem Kind, wenn es erkennt, die Resignation und das mangelnde Selbstwerterleben als eine momentane Schwäche anzunehmen. Diese Schwäche ist kein Defizit, sondern eine Antwort des Körpers und der Seele auf eine Überforderung im Umgang mit der momentanen Lebenssituation. Verdeutlichen Sie Ihrem Kind, dass seine Antwort, nämlich die Suizidalität, auch als ein sehr persönlicher Ausdruck der Sensibilität im Umgang mit Problemen gesehen werden kann. Seine Symptomatik kann als eine wichtige Antwort gesehen werden, im Sinne von: „Nicht immer weiter so, ich kann nicht mehr, ich mache Pause und sammle neue Kraft, um andere Wege auszuprobieren."

Hierbei gehen die bisherigen Fähigkeiten und Fertigkeiten nicht verloren, sondern sie sind momentan nicht erkenn- und einsetzbar. Zeigen Sie dem/der Jugendlichen auf, was in der Vergangenheit schon alles möglich war, dass die Gegenwart vielleicht gerade nicht so positiv erscheint, dass aber kein Mensch wissen kann, was die Zukunft bringen wird.

Während der Therapien meiner suizidalen Patient*innen in meiner Praxis waren das Zulassen der Schwäche und die Annahme der Erschöpfung, verbunden mit der Sehnsucht endlich Ruhe zu finden, zentrale Themen. Als Körpertherapeutin ließ ich in solchen Zuständen die Betroffenen sich hinlegen, ermunterte sie, sich nicht durch Reden anzustrengen, sondern einfach nur da zu sein, während ich dafür sorgen würde, dass sie durch nichts von außen überrascht würden. Die Anregung dazu, in dieser Form mit Suizidalen zu arbeiten, bekam ich vom Pionier der Körperpsychotherapie Albert Pesso. Er ließ seine suizidalen Patient*innen sogar in imaginierte Särge steigen, um zu erfahren, wohin die Wünsche und Fantasien der Suizidenten dann wandern würden. Er blieb natürlich über die Sprache im Kontakt mit seinen Patient*innen und ließ sie über ihre Gefühle und Gedanken berichten.

Meist kamen sie in diesen ruhigen, dunklen Räumen wieder in Kontakt mit sich und ihrem Körper. Sie spürten ihren Atem und genossen die Stille und Ruhe, einfach nichts tun zu müssen. In dieser Zeit regenerierten sie und kamen mit neuer Energie zurück in die normale Gesprächssituation. Der Situation im imaginierten engen Sarg wurden sie meist nach kurzer Zeit überdrüssig und sie wollten wieder Licht sehen. Ich fand diesen Ansatz sehr mutig und in Videos seiner Behandlungen war bemerkenswert, wie angstfrei der Therapeut mit dem Thema Suizid umging. Dieses Vorgehen sollten jedoch nur qualifizierte Fachpersonen ausüben.

Man sollte niemals vergessen, dass depressive und suizidgefährdete Menschen vor ihren eigenen Symptomen Angst haben und glauben, unheilbar krank zu sein oder verrückt zu werden. Die Vorstellung, in eine Psychiatrie zu kommen, ist nach wie vor auch in Deutschland mit Scham und Stigmatisierung verbunden. Also machen Sie sich als Eltern in einem gemeinsamen Gespräch auch auf diesen Satz Ihres Kindes gefasst: „Ich bin doch nicht bekloppt. Meinst du, ich gehe in die Klapse?"

Durch den gemeinsamen Austausch werden sich im Laufe der Zeit die Fragen erweitern und Ihr Kind beginnt darüber zu reflektieren, was der Tag bringt, was passieren kann, ob es sich selbst einbringen kann in seinem Tagesablauf. Wozu es ja und nein sagen kann. Wieviel Angst es hat, etwas auszuprobieren und was ihm vielleicht nicht gelingen wird. Ist es bereit, einen Misserfolg auszuhalten? Wie viele Anläufe gestattet es sich, bis es ihm gelingt, wieder mehr am Leben teilzuhaben?

Es besteht die Hoffnung, dass durch diese sehr kleinen Schritte sich zwar keine großartige Sinnfrage des Lebens findet, aber letztendlich setzt sich Ihr Kind mit den primären Alltagshandlungen auseinander. Schlafen, aufstehen, sich pflegen und Essen zu sich nehmen. Diese primären Abläufe sind deshalb so wichtig, weil suizidale Jugendliche häufig die innere und äußere Wahrnehmung ihres Körpers verlieren. Selbstwertgefühl, Körperwahrnehmung und Achtsamkeit sind geschwunden und es herrscht oft nur ein Gefühl von extremer Anspannung oder völliger Erschöpfung. Erst, wenn die primären Abläufe funktionieren, wird sich das Kind weitere Fragen stellen: „Was bringt mir der Tag, was bringt mir das Leben an Überraschungen? Auch wenn ich nicht weiß, was es für mich bedeutet und ich keinen Sinn erkenne, ist es mein Leben."

Meist finden die eigentlichen Sinnfragen erst dann eine Antwort, wenn die Frage des letztendlichen Auslösers für die suizidale Krise gefunden wird. Die Kränkung und die Enttäuschung über diesen Auslöser sind so kräftezehrend, dass sie jeglichen Aufbau neuer Energien verhindern.

Den Grad seiner Kränkung oder traumatischen Erfahrung kennt nur Ihr Kind. Also hüten Sie sich auch hier vor Bewertungen oder eigenen Interpretationen. Es gibt Kinder, die solche Verletzungen locker wegstecken, aber es gibt auch Kinder, die keinen Ausweg aus ihrer Situation erkennen. Oftmals ist die Suizidalität eines Kindes der Schrei, eine völlig verfestigte Familiensituation oder eine Beziehungskonstellation endlich aufzulösen. Dieser „Cry for Change" gilt als Notruf für die gesamten Systeme Familie, Freunde und Schule. Nicht selten opfert sich ein Kind für ein erstarrtes System auf, um durch seinen Tod eine zwangsläufige Veränderung zu bewirken. Nach dem Suizid wird oft erst das Ausmaß der zu Grunde liegenden Traumatisierungen und Verletzungen deutlich. Viele Geheimnisse können endlich aufgedeckt werden, wie psychische und physische Übergriffe, Mobbing und andere Formen von massiver Überforderung. Zwangsläufig findet eine Veränderung im Umfeld statt, wenn ein Mensch sich das Leben nimmt. Der Suizid mag einen bitteren Sinn haben, über den ein Suizidaler in seiner Situation jedoch kaum nachdenken wird. Wenn Sie oder Ihr Kind die auslösende Situation nicht finden, sollten Sie dringend eine therapeutische Unterstützung annehmen.

Gefahr durch Internet und Medien

In Zeiten verbesserter Digitalisierung und Zunahme der Nutzungszeiten eines Computers auch durch Kinder, ist es wichtig auf Gefahren im Internet hinzuweisen.

Ein bedeutender, allerdings – besonders für die Selbsttötung gefährdeter Kinder und Jugendlicher – als hoch zu bewertender Risikofaktor ist das Internet. Frei verfügbar finden Kinder und Jugendliche, die sich das Leben nehmen wollen, dort Hinweise und Möglichkeiten. Sie stoßen dort problemlos auf die unterschiedlichen Suizid-Methoden und Suizid-Mittel, ausgestaltet mit einprägsamem Bildmaterial. Es gibt sogar Verabredungen in diesen Selbstmord-Foren zu sogenannten Cyber-Suiziden. Dabei handelt es sich um „Selbsttötungs-Pakte", die gemeinsam im Internet geschlossen werden. Drei der zehn von mir interviewten Eltern berichteten von später entdeckten Computerseiten, auf denen ihre Kinder mit Fremden über Suizid gechattet hatten.

Erfreulicherweise gelingt es inzwischen, gerade über diese Internetforen einen auch positiven Zugang zu gefährdeten Jugendlichen zu finden, um sie mit professioneller Hilfe von ihrer geplanten Tat abzubringen. Insofern besteht zumindest an dieser Stelle eine Möglichkeit, vor einer Tat noch offen Kontakt aufzunehmen, was Freunden und Familienangehörigen oft nicht mehr gelingt.

Neben hilfreichen Internetseiten, wie zum Beispiel *www.dbna.de*, die von einsamen Jugendlichen aufgesucht werden können, gibt es auch fragliche Seiten, bei denen die Gefahr besteht, dass sich Personen mit destruktivem und unverantwortlichem Verhalten gerade diesen einsamen und suchenden Jugendlichen annähern, um sie zu eigenen Zwecken zu missbrauchen. Insofern gleicht das Chatten im Internet einem bedrohlichen Balanceakt.

Ebenso gefährlich ist der freie Zugang im Netz für Filme und Videos, in denen sogenannte Mutproben gezeigt werden, zum Beispiel auf Bahngleisen zu laufen und auszuprobieren, wer es dort vor dem einlaufenden Zug am längsten aushält.

Ich konnte am Computer meiner Tochter nach ihrem Tod nachvollziehen, dass sie Kontakt mit einer solchen Suizid-Webseite hatte. Den oben geschilderten Wettstreit auf den Gleisen hat sie mit Freunden an der schulnahen Bahnstrecke ausgefochten und sich dieser Tat gerühmt. Einigen Freundinnen hat sie sogar erzählt, dass sie sich auf diese Weise das Leben nehmen wolle. Aber niemand glaubte ihr. Einen Tag nach dieser Mutprobe wurde aus dem Spiel harte Realität. Genau auf dieser Bahnstrecke beendete meine Tochter ihr Leben.

Auch wenn Medien zu unbedacht reißerische Artikel über begangene Suizide veröffentlichen, kann dies bei jungen Menschen, die leicht manipulierbar sind, zu Nachahmungstaten führen. Es kam im Anschluss an ausführliche Berichterstattungen über die Suizide z. B. des Politikers Jürgen Möllemann, des Sängers Kurt Cobain und des Fußballidols Robert Enke zu einem Anstieg von suizidalen Handlungen, welche statistisch erfasst werden konnten. Positiv trugen in Richtung Enttabuisierung z. B. die Interviews der betroffenen Ehepartner bei.

Falls es zu gehäuften Suiziden in Ämtern oder an Schulen kommt, muss sofort gehandelt werden. Betriebsleitung oder Schulleitung sollten dann in gemeinsamen Aktionen nach einem Suizid, gegebenenfalls auch mit Einbeziehung der im weiteren Umfeld Betroffenen, über das Thema Selbsttötung und was es für die Hinterbliebenen bedeutet, ausführlich sprechen.

An dieser Stelle möchte ich erneut darauf hinweisen, dass der früher gängige Satz: „Wer über Suizid redet, vollzieht ihn nicht“, absolut falsch ist. Jede Andeutung einer suizidalen

Handlung sollte sofort ernst genommen werden. Man sollte niemals darauf warten, dass vielleicht noch eine zweite Ankündigung folgt. Oft ist es dann schon zu spät und nichts ist so endgültig wie der Tod. Es gibt kein Zurück. Also lieber einmal zu früh als zu spät auf einen Hinweis oder sein Bauchgefühl reagieren.

Anlaufstellen und therapeutische Möglichkeiten

Falls Ihr Kind keinerlei Kontakt oder Gespräch mit Ihnen zulässt, fragen Sie, ob es bereit sei, therapeutische Hilfe anzunehmen. Sagen Sie ihm, dass Sie gemeinsam eine*n Therapeut*in im Telefonbuch oder im Internet in Ihrer Nähe finden oder dass der Hausarzt oder die Hausärztin einen Kontakt zu einem*r niedergelassenen Therapeut*in herstellen kann.

Lehnt es auch diesen Vorschlag ab, dann geben Sie ihm einen Zettel mit einer Notfall-Telefonnummer oder einer entsprechenden Webseite.

Eine Liste mit Kontaktmöglichkeiten und Notfall-Anlaufstellen ist am Ende des Buches zu finden! (Teil III, S. 239-241)

Meist ist der Ablauf eines gemeinsamen Gespräches mit dem gefährdeten Kind frustrierend. Die Kinder reden oberflächlich mit ihren Eltern und erwähnen ihre Suizidgedanken nicht. Gelingt es ihnen, darüber zu reden, heißt das dennoch nicht, dass sie sich dann ausreichend von ihren Suizidabsichten distanzieren können. Wenn dies der Fall ist, sagen Sie Ihrem Kind, dass es Ihnen zwar sehr schwerfällt, aber Sie keinen anderen Weg mehr sähen, als einen Notfalltermin bei einer Beratungsstelle mit Krisenambulanz oder sofort bei einem niedergelassenen Kinder- und Jugendpsychiater einzuholen. Auch eine kinder- und jugendpsychiatrische Klinikambulanz käme in Frage. Dort würde dann entschieden, ob Ihr Kind eventuell stationär aufgenommen wird oder eine ambulante Therapie ausreichend sei.

Das Aufsuchen des Hausarztes, der Ihr Kind kennt, kann ein guter Schritt sein kann. Ich gebe aber zu bedenken, dass gerade die zu enge Verbindung zwischen Hausarzt oder Hausärztin dem suizidalen Kind und den Eltern beim gleichen Arzt verfänglich werden kann. Das Kind kann befürchten, dass der Arzt oder die Ärztin zu sehr mit den Eltern kooperiert und verweigert dann eine ehrliche Aussage.

Auch vor einer zu raschen Einnahme von Psychopharmaka oder von homöopathischen Mitteln ohne das Hinzuziehen eines Facharztes möchte ich warnen. Bei nicht fachgerechter Verordnung kann es unter Umständen zu einer kurzfristigen Stimmungsaufhellung kommen, die dann gerade den Schritt zu einem Suizid fördern kann (vgl. Teil I: „Im Frühling eines Menschenlebens").

Bestehen Sie als Eltern auf einer Aufnahme in einer geschlossenen Abteilung, muss dies beim Familiengericht nach § 1631bBGB unter Vorlage eines ärztlichen Attestes genehmigt werden.

Weigert sich Ihr Kind, mit Ihnen mitzufahren und Sie haben große Angst, dass es sich das Leben nimmt, dann rufen Sie die **Polizei** oder den **örtlichen, ärztlichen Notdienst** an und sagen Sie, dass Sie eine akute Lebensgefahr bei bestehender Suizidalität Ihres Kindes annehmen. Meist erfolgt dann eine unfreiwillige Einweisung wegen Uneinsichtigkeit bei bestehender Selbstgefährdung in eine psychiatrische Klinik. Diesen Schritt zum Telefon sollten Sie ebenfalls sofort unternehmen, wenn der/die Jugendliche das Haus verlässt und etwa sagt: „Ich haue jetzt ab und nehme noch ein paar andere Menschen mit." Diese Ankündigung bedeutet die Durchführung eines erweiterten Suizides. Völlig unschuldige Mitmenschen werden dann mit in den Tod gerissen.

An dieser Stelle werden viele meiner Kolleginnen und Kollegen die Nase rümpfen und sagen: „Was für ein Unfug, denn die Zunahme an unfreiwilligen Einweisungen in Deutschland nimmt ständig zu, weil die ambulanten Möglichkeiten nicht ausreichend ausgeschöpft werden."

Aus meiner Erfahrung weiß ich aber, wie zögerlich und ohnmächtig Eltern sich angesichts der Suizidalität ihres Kindes erleben und wie ineffizient oder kräftezehrend die Suche nach einem Therapieplatz sein kann. Viele Betroffene bereuen es im Nachhinein, nicht rechtzeitig gehandelt zu haben. Ich sage immer: „Lieber einmal umsonst, als einmal zu spät reagiert!" Einerseits ist es für die betroffenen Jugendlichen schrecklich, eine solche Zwangsmaßnahme erleben zu müssen, andererseits wird ihnen dabei deutlich, wie ernsthaft die Eltern mit dem bedrohlichen Thema Suizidalität umgehen. Schließlich geht es um Leben und Tod. Die Unberechenbarkeit gerade von pubertierenden Jugendlichen habe ich bereits anhand der Geschichte meiner Tochter ausführlich erwähnt.

Falls Sie eine Klinikaufnahme vermeiden wollen, können Sie eine „Rund um die Uhr Suizidwache" arrangieren. Hierzu ist es notwendig, dass der/die Jugendliche unter Beobachtung steht, damit er sich nichts antun kann. Ich erachte diese Suizidwachen als sinnvoll, um ein paar Tage eine Krise zu beobachten oder eine Wartezeit auf einen Arzttermin zu überbrücken. Dennoch ist es extrem belastend, und ich bin mir nicht sicher, ob der/die Jugendliche, der/die entschlossen ist, den letzten Schritt zu vollziehen, nicht doch ein Schlupfloch findet, um der Kontrolle zu entfliehen.

Kommt es zu einer stationären Aufnahme, ist es sinnvoll direkt nach der Entlassung eine ambulante Anschlusstherapie durchzuführen.

Je nach Situation ist es auch sinnvoll, eine Familientherapie oder eine Paartherapie zu machen, denn das gesamte System ist betroffen, und es sollte eine Veränderung stattfinden, damit der „Cry for Change" nicht wieder im Nichts verhallt. Es ist vielleicht notwendig, dass ein anderes Kind der Familie oder auch ein Erwachsener ebenfalls eine Therapie oder eine Unterstützung erfährt, um das System zu entlasten.

Manchmal ist es von Vorteil, nach der Entlassung die Schule zu wechseln, wenn dort destruktive Strukturen oder ausgeprägtes Mobbing vorhanden sind. Es gibt Schulen, an denen vermehrte suizidale Handlungen zu verzeichnen sind. Häufig sind die Schulleitung und das Lehrerkollegium überfordert oder nicht ausreichend aufgeklärt über die Fakten von Suizidalität bei Schülern. Nach jedem Suizid sollte von Seiten der Schulleitung eine Fachperson in den einzelnen Klassen bzw. der betroffenen Stufe über das Thema Suizidalität und Suizid ausführlich sprechen. Auch für solche Zwecke kann dieses Buch genutzt werden.

Geschieht dies nicht, muss mit dem sogenannten „Werther Effekt" gerechnet werden. Es handelt sich hierbei um Nachahmungstaten, die mit Idealisierungstendenzen eines vorangegangenen Suizides stattfinden. Im Roman „Die Leiden des jungen Werther" von Johann Wolfgang von Goethe stirbt der Protagonist durch eigene Hand (Erschießen). Nach dessen Veröffentlichung kleideten sich viele junge Männer in die gelbblauen Farben des Titelhelden und ahmten dessen Suizid nach.

Am Ende des Kapitels nun ein wichtiger Hinweis zum Thema „Ambulante Psychotherapie": Mit einer Überweisung vom Hausarzt, der vielleicht eine Liste von Psychotherapeut*innen in Ihrer Nähe hat, können Sie einen ärztlichen oder psychologischen Psychotherapeuten mit der Frage nach einer ambulanten psychotherapeutischen Krisenintervention kontaktieren. Sie können bei hohem Zeitdruck auch einen Termin mit ihm ausmachen und die Überweisung nachreichen. Sprechen Sie Ihr Anliegen auf den Anrufbeantworter und bitten Sie um dringlichen Rückruf.

Wenn Ihre Suche erfolglos ist oder Sie sich dabei überfordert fühlen, können Sie bei der zuständigen Kassenärztlichen

Vereinigung ihres Bundeslandes mögliche freie Plätze von niedergelassenen Psychotherapeuten erfragen. Hierdurch können längere Wartezeiten und unergiebige Suchen vermieden werden. Manchmal lohnt es sich auch bei der eigenen Krankenkasse nach niedergelassenen, ärztlichen oder psychologischen Psychotherapeuten zu fragen.

Teil III

„ES GIBT KEIN ZURÜCK"

Der Suizid eines Kindes und seine Folgen

Suche nach Faktenwissen

Suizid passiert immer und überall. Wir erfahren fast täglich von Suizidschicksalen, reagieren erstaunt oder fast teilnahmslos, doch wenn es uns selbst ereilt, reißt es uns den Boden unter den Füßen weg. Wir sind geschockt, verletzt, erleben uns ohnmächtig und ratlos. Jeder kann von dieser schrecklichen Nachricht überrollt werden. Es klingelt, die Polizei steht vor der Türe und bringt die Nachricht vom Suizid deines Kindes oder das Unfassbare geschieht in den eigenen vier Wänden. Schlagartig ist nichts mehr, wie es vorher war, und das Leben gerät aus den Fugen.

Bereits in den ersten Tagen beginnt ein Gedankenkarussell mit verzweifelten Fragen im Kopf der Betroffenen. Aus Scham über das Geschehene will man andere mit diesen ganzen Fragen nicht belasten und sucht nach geeigneter Literatur oder recherchiert im Internet. In den Interviews mit Betroffenen wurde mein eigenes Erleben bestätigt, dass man bei dieser verzweifelten, hektischen Suche häufig auf Literatur trifft, die kein Faktenwissen vermittelt, sondern bereits spirituelle, transzendentale oder religiös gefärbte Themen anbietet. In dieser ersten vulnerablen Phase, in der Betroffene an Gott und der Welt zweifeln, kann es auch zu einer gefährlichen Sogwirkung kommen und zusätzliche Ängste können ausgelöst werden.

Da in der ersten Zeit die Konzentration und Aufnahmefähigkeit bei fast allen Betroffenen sehr eingeschränkt ist, suchen sie nach kompaktem Wissen über Suizid von Kindern und Jugendlichen, mit dem sie gut zurechtkommen.

In diesem dritten Teil des Buches finden Sie nicht nur Wissen über Suizid allgemein und über die Besonderheit der Trauerverarbeitung nach einem Suizid, sondern Sie werden viele konkrete Vorschläge über hilfreiche Angebote und für

Übungen bekommen. Dieses wichtige Fachwissen über Trauma und traumatische Trauer, über Resilienz, Schuld und Versöhnung kann helfen, Ihren Blick letztlich auf neue Lebensaufgaben zu richten.

Kurzer Rückblick auf die Historie des Suizides

Verfolgt man die Geschichte der Selbsttötung oder des Selbstmordes, wie er früher benannt wurde, entdeckt man, dass jede Zeit einen ganz eigenen Umgang mit diesem Thema kultivierte.

Die Begriffe „Selbstmord“ und „Freitod“ werden inzwischen nicht mehr verwendet und verschwinden auch nach und nach aus der Umgangssprache. Das ist gut so, denn das Wort „Selbstmord“ erinnert an eine Straftat beziehungsweise einem Mord und führt nach wie vor zu einer Stigmatisierung der Betroffenen. Der Begriff „Freitod“, der mit einer „heroischen“ Tat assoziiert werden kann, betont zwar die freie Willensentscheidung, die hinter einem Suizid stehen kann. In vielen Fällen ist es aber zweifelhaft, dass sich ein Mensch, der oftmals an einer ernsthaften Erkrankung leidet, frei bei der Durchführung seines Suizides fühlt. Der frühere Begriff „Selbstmord“ wird inzwischen umgangssprachlich z. B. ersetzt durch „sich das Leben nehmen“, „Hand an sich legen“, „sich suizidieren“, „Suizid begehen“ oder „sich selbst töten“. Der Begriff „Suizid“ wird hergeleitet von dem lateinischen Wort *sui caedere* = sich selbst töten.

Es gibt zum gesellschaftlichen Umgang mit dem Thema Suizid im Laufe der Geschichte ausführliche Abhandlungen. Im Rahmen dieses Buches möchte ich lediglich einen kurzen Abriss über die Geschichte des Suizides von der Antike bis heute geben, um den Leser*innen einen knappen Einblick in dieses Thema zu vermitteln.[8]

In der Antike wurden Suizidenten in Tragödien und in der Epik verehrt.

Griechische Philosophen wie Pythagoras und Plato oder auch Cicero in Rom lehnten den Suizid ab. Die Stoiker Cato und Seneca hingegen sahen im Suizid eine Wahlmöglichkeit des Sterbens.

Ein sogenannter „römischer Tod" zu Zeiten Mark Aurels, um 170 n. Chr., wurde als ehrenvolle Selbsttötung in bestimmten Situationen gut geheißen.

73 n. Chr. kam es zu einem Massensuizid auf der Festung Masada, bei dem sich die Einwohner selbst töteten, um nicht in die Hände der Angreifer zu geraten. Ein Untergang mit Würde, der geschichtlich weitervermittelt und der von vielen, wie zum Beispiel im 20. Jahrhundert von buddhistischen Mönchen nach der Besetzung Tibets durch die Chinesen, voller Verzweiflung immer wieder gewählt wurde.

Da Augustinus vom griechischen Philosophen Plato die Einstellung übernahm, einen Suizid aus ethischen und religiösen Gründen abzulehnen, wurden diese Anschauungen in die katholische Tradition übernommen, so dass die katholische Kirche nach dem Konzil von Arles 452 n. Chr. den Suizid als eine Widersetzung gegen Gott verurteilte.

Das Wort Selbstmörder tauchte erstmal im 16. Jahrhundert in Schriften von Martin Luther auf. Zu seiner Zeit und bereits davor fanden diskriminierende Begräbnispraktiken statt. Den Selbstmördern wurde eine Bestattung in „geweihter Erde" auf dem allgemeinen Friedhof verwehrt. Es fanden sogenannte Eselbegräbnisse statt, eine erschütternde Umgangsform, die bis ins

8 Vgl. Willemsen, R.: Der Selbstmord, KIWI, 2002, S. 24 ff.

18. Jahrhundert reichte. Der Mythos, dass nach dem Tode eines Selbstmörders dessen vom Teufel besetzte Seele noch Unheil anrichten könne, verführte die Menschen über Jahrhunderte zu grauenvollen Handlungen mit den Leichen der Suizidenten, was ein unvorstellbares Leid für die Hinterbliebenen brachte.

Im 17. Jahrhundert kommt es zu einem Anstieg von Publikationen über den Selbstmord, was mit der positiven Entwicklung des Buchwesens zu tun hatte. Zeitgleich beginnt vor allem in England eine vermehrte, statistische Erfassung und Beschreibung von Selbstmorden.

In der zweiten Hälfte des 18. Jahrhunderts durchdringt die Selbstmordthematik die Literatur. Ausgelöst durch Goethes Buch „Die Leiden des jungen Werther" kommt es 1774 zum „Werther-Fieber", das zu einem rapiden Anstieg von Selbstmordhandlungen insbesondere bei jungen Menschen führte. Die Angst vor Nachahmungssuiziden blieb seither in der Gesellschaft verwurzelt. Das Wort Selbstmord wird in das Wort Freitod umbenannt. Er wird für Preußens Beamte und Offiziere zur Pflicht, wenn sie ihren Ehrenkodex verletzt hatten.

Zuvor hatte in Zeiten der Aufklärung eine starke öffentliche Debatte stattgefunden, die weg von moralisierenden Vorstellungen hin zu einer Ästhetisierung und Psychologisierung des Themas führte. Vertreter der Aufklärung wie Kant und Hegel bestritten allerdings das Recht des Menschen auf Selbsttötung.

Im späten 19. Jahrhundert wurde die Bearbeitung des Themas Suizid vermehrt in die empirischen Humanwissenschaften – Soziologie, Psychologie und Medizin (Psychiatrie) – verlagert.

Der Begriff Freitod, der Anfang des 20. Jahrhunderts z. B. von Friedrich Nietzsche als eine Form des „edlen Sterbens zur rechten Zeit" verwendet wurde, setzte sich nicht durch und trifft nicht die Sachlage. Suizidenten fühlen sich keineswegs frei, wenn sie diese Entscheidung treffen. Das zumindest berichten viele, die ihren Suizidversuch überlebten.

Zu Beginn des Ersten Weltkrieges (1914) wird versucht, die Zusammenhänge zwischen Suizid, Sterbehilfe und Euthanasie transparenter zu machen. Bis in die heutige Zeit reicht diese Auseinandersetzung und beinhaltet die Forderung einer Entkriminalisierung auch der aktiven Sterbehilfe.

In der Epoche des Expressionismus, in welcher Kunst und Literatur den unmittelbaren Ausdruck suchten, findet man eine neue Einstellung zum Suizid.

In die Mitte des gleichen Jahrhunderts fallen die vielen Suizide am Ende des Dritten Reiches von fanatischen Kämpfern auf, die sich lieber selbst vernichteten, statt für ihre grauenvollen Taten später zu sühnen.

Auch Selbstmordattentate als eine Art militärischer Strategie fallen in diese Zeit. Die „Kamikaze-Taktik" japanischer Piloten, die beim Angriff amerikanischer Schiffe bewusst ihr Leben opferten, werden in Filmen eindrucksvoll und heroisierend dem Publikum noch immer gezeigt. In Japan, wie auch in manchen anderen Kulturen galt ein Suizid zur Problemlösung als ehrenhaft oder wurde gar als Märtyrertod gerühmt.

Erst am Ende des 20. Jahrhunderts, genauer 1983, wird die Ächtung des Suizids von der katholischen Kirche beendet, indem das Verbot einer kirchlichen Beerdigung eines Suizidenten durch einen Priester aufgehoben wurde. Der Suizid wird endlich aus seinen moralisch festgezurrten Fesseln gelöst und als ein neutrales, von der Kirche unabhängiges Phänomen betrachtet.

Am 20. Januar 2011 wurde das Recht auf Beendigung des eigenen Lebens als Menschenrecht anerkannt. In der heutigen Zeit geht es bei der Betrachtung des Themas Selbsttötung häufig um die Erfassung politischer und zeitgeschichtlicher Zusammenhänge, wie zum Beispiel bei Suiziden von Bandmitgliedern und Sängern der Pop- und Rockszene. Der Suizid des Fußballspielers Robert Enke vor einigen Jahren wurde in den Medien verbreitet und öffentlich diskutiert. So kam es zu einer stärkeren Beachtung der Themen Depression und Suizidalität. Berichte über Bilanzsuizide von verzweifelten Bankern oder gescheiterten Geschäftsleuten tauchen zuweilen in der Presse auf.

Auch die Selbstmord-Attentäter von New York oder die eingeplante Selbsttötung eines Amokläufers, der bei seiner Tat Kinder und Lehrer mit in den Tod reißt, bekommen viel Aufmerksamkeit und zeigen in den Medienberichten die Traumatisierung der Familien der Opfer.

Prinzipiell soll einem Individuum das Verfügungsrecht über sein eigenes Leben zugestanden werden. Die konkrete Gesetzesänderung diesbezüglich erfolgte allerdings erst im Jahre 2018.

Inzwischen lassen sogenannte „Suizid-Foren" im Internet eine öffentliche Kommunikation von potenziellen Suizidanwärtern zu, die unsere Kinder und Jugendlichen gefährden können. Diese Foren werden inzwischen allerding auch genutzt, um Suizidenten Hilfe anzubieten.

Gerade in der jetzigen, durch zahlreiche Krisen belasteten Zeit, rückt das Thema Suizid und der Umgang mit Sterbehilfe wieder vermehrt in den Fokus der gesellschaftlichen Diskussion. Letzteres auch wegen einer neuen Gesetzeslage in Bezug auf einen assistierten Suizid.

Hierzu eine Erklärung der Begriffe „Assistierter Suizid“, „Aktive Sterbehilfe“ und „Passive Sterbehilfe“:

Von aktiver Sterbehilfe spricht man, wenn einem Menschen auf seinen Wunsch hin von außen ein unmittelbar zum Tode führendes Mittel (z. B. Infusion intravenös oder Medikament) durch einen Arzt verabreicht wird.

Beim assistierten Suizid nimmt der Mensch, der nicht mehr leben möchte, ein Mittel selbst zu sich, welches ihm besorgt oder zubereitet wurde und zum Tode führt. Das geschieht z. B. indem der Arzt oder die Ärztin eine Kanüle in den Arm des/der Sterbewilligen legt, um die von ihm zubereitete Giftflüssigkeit einführen zu können. Hierzu kann er ein Infusionsbesteck nutzen, an dem sich am Zulaufschlauch ein kleiner Schalter befindet, den der Sterbewillige aufdreht, um als eigenes aktives Tun das Gift in seinen Körper zu lassen. Der Vorgang wird auf Video dokumentiert, um nach dem Tod nachweisen zu können, dass der Verstorbene eigenverantwortlich gehandelt hat, bevor die Polizei den Leichnam in die Rechtsmedizin fährt.

Bei der passiven Sterbehilfe kommt es durch Verzicht, Abbruch oder Reduzierung lebensverlängernder Maßnahmen zu einem Sterbenlassen eines Menschen.

Der momentane Stand der Gesetzeslage, nachdem das Bundesverfassungsgericht 2020 das Verbot der geschäftsmäßigen Förderung der Selbsttötung aufgehoben hatte,[9] besagt, dass seitdem der Arzt, nachdem er sich die Gewissheit verschafft hat, dass der Sterbewillige selbstbestimmt und nicht etwa krankheitsbedingt den Sterbewunsch gefasst hat, straffrei bleibt, wenn er bei dem Suizid assistiert.[10]

---

9 BVerfG v 26.2.2020, NJW 2020, 905 ff, Besprechung v. Leitmeier NJW 2020, 2844 ff.

10 vgl. zB Münchner Kommentar StGB 4. Aufl.Bd.4 §§ 216,217 StBG

Diese Gesetzeslage soll aber eingeschränkt werden u. a. durch Vorschläge der Bundesärztekammer und mehrere bereits im Bundestag eingebrachte Gesetzesanträge, die alle darauf abzielen, höhere Hürden zur Frage der Selbstbestimmtheit durch z. B. mehrere ärztliche Untersuchungen in größeren Abständen, eine umfassende Beratung des Sterbewilligen durch ein weiteres Kontrollgremium, Ausschluss der Assistenz durch eine/n der untersuchenden Ärzt*innen zu errichten.

Dieser kurze Abriss verdeutlicht, dass das Thema Suizid sich in einem ständigen Wandel befindet. Je nach gesellschaftlicher Situation und bestehender philosophisch-religiöser Einstellung werden die Suizidenten und deren Familien bestraft und stigmatisiert, oder sie werden respektiert und manchmal sogar heroisiert.

Hinzu kommt die Tatsache, dass in vielen Kulturen der Umgang mit Suizid gesellschaftlich durchgängig respektiert wird. Was im Vereinigten Königreich bis 1961 eine Straftat darstellte, wird bei den Inuit zur Sicherung der Lebensfähigkeit des Stammes akzeptiert.

Wir Menschen werden hineingeworfen in unser Leben und müssen uns mit den gesellschaftlichen Begebenheiten arrangieren, können sie lediglich durch unser Engagement oder unsere eigene Haltung mitgestalten und verändern.

Etwas Statistik über Suizide im Kindes- und Jugendalter

In der Auseinandersetzung mit einem erfolgten Suizid gehen die Hinterbliebenen häufig auf die Suche nach Informationen und Ursachen. Ich hatte sofort nach dem Suizid meiner 13-jährigen Tochter das Bedürfnis, eine statistische Erhebung zu finden, in der ich erfahren wollte, wie viele Kinder und Jugendliche in Deutschland innerhalb eines Jahres den gleichen Schritt wie mein Kind vollzogen haben.

Die Fallzahlen in Deutschland zeigen, dass Suizide von Kindern in unserem Land durchaus nicht selten, aber bis Ende 2019 erfreulicherweise rückläufig sind. Es zeigt sich bereits, dass die Fallzahlen durch die Auswirkungen der Lebensbeschränkungen in der Coronakrise sich leider erhöhen. Dies gilt auch für Österreich.

Der Suizid bleibt nach dem Unfalltod bei Jugendlichen erschreckenderweise die häufigste Todesursache. Die Anzahl der misslungenen Selbsttötungen von Kindern ist unbekannt.

Als Beispieljahr wähle ich 2018: In der Altersgruppe der 10- bis 15-Jährigen haben sich in Deutschland 13 Kinder umgebracht, und zwar acht Jungen und fünf Mädchen. Nach einer Untersuchung der psychiatrischen Universitätsklinik Zürich (Prof. Gregor Berger) töten sich Mädchen überwiegend mit Tabletten, während sich Jungen eher vor einen heranfahrenden Zug werfen.[11]

Auch im Kindes- und Jugendalter überwiegen die harten Methoden. So erhängen sich vier von fünf Jungen zwischen 10 und 14 Jahren, bei den Mädchen ist es jede Zweite.

11 *https://.naspro.de/dl/Suizidzahlen*;. Vgl. auch Müller-Plein, H.: Suizidzahlen in Deutschland im Jahr 2019, Doktorarbeit Universität Kassel.

Vor einem vollendeten Suizid leidet über die Hälfte der betreffenden Kinder an einer depressiven Erkrankung. Weniger als die Hälfte der Suizidanten nimmt zuvor eine psychische Betreuung in Anspruch. Übrigens weist die Suizid-Statistik für das Jahr 2018 in Deutschland eine Gesamtzahl von 9.396 Selbsttötungen – also Kinder und Erwachsene – aus; das sind an jedem Tag fast 26 Menschen. Fast 10.000 Menschen pro Jahr, wobei fast jeder Suizidant circa sechs bis sieben Betroffene mit ihrer Trauer zurücklässt.

Bei all diesen statistischen Erhebungen muss davon ausgegangen werden, dass sogenannte stille Suizide und verdeckte Suizide durch Unfälle im Straßenverkehr oder beim Sport nicht erfasst werden. Die Anzahl verkappter Suizide im Straßenverkehr ist so hoch, dass es die Vermutung gibt, dass jeder siebte bis achte Unfall als solcher anzunehmen ist.

Es gibt trotz vieler statistischer Arbeiten an psychiatrischen Universitätskliniken bislang keine eindeutige Typologie der Opfer. Nach einer klassischen Suizidpersönlichkeit wird vergebens gesucht. Es sind Menschen aus allen sozialen Schichten, mit völlig unterschiedlichen Biografien und ohne außergewöhnliche Merkmale, an denen man sie identifizieren könnte. Was ich aber in vielen Trauergruppen und auch von meinen Patient*innen nach dem Suizid ihrer Kinder an Beschreibung erfuhr, hörte sich eher positiv an: Ihre Kinder seien sehr begabt, talentiert, beliebt, lebenslustig und oft „Sonnenscheinkinder" gewesen. Von meiner Seite stellt sich hier die Frage, ob diese Kinder gerade wegen ihrer positiven Seiten in der Geschwisterreihe oder unter Mitschülern weniger Aufmerksamkeit und Lob erhielten als schwierigere Kinder (vgl Teil II, „Familiensysteme ...").

Wer wünscht sich nicht, Eltern und Therapeuten gleichermaßen, besondere Merkmale eines typischen Suizidkandidaten zu finden, um eine eventuelle suizidale Handlung vorhersagen oder verhindern zu können. Die Überzeugung, mächtig genug zu sein, um jemanden von seinen ernsthaften Suizidabsichten abzubringen, halte ich inzwischen allerdings für eine Anmaßung. Das Fatale beim Suizid ist die Tatsache, dass trotz Behandlung mit medikamentösen, psychotherapeutischen oder anderen Maßnahmen eine drohende Selbsttötung häufig nicht verhindert werden kann.

Wenn der Drang zu einer suizidalen Handlung oder die Schwere einer Erkrankung, der Schmerz oder der innere Druck so stark sind, kann es trotz aller Aufmerksamkeit, trotz aller Fürsorglichkeit der Umgebung zu einem Suizid kommen. Das ist entsetzlich für Angehörige, erschütternd für Ärzte und Ärztinnen wie auch für das Pflegepersonal. Die durch ein solches Ereignis ausgelösten Eindrücke, die schrecklichen Bilder und die damit verbundenen Gefühle begleiten die Betroffenen noch Jahre lang, oft auch ein Leben lang.

Suizid – ein Tabuthema

Kinder und Jugendliche, die sich selbst töten, verstoßen gegen ein Tabu, mit dem ihre Handlung in unserer Gesellschaft belegt ist. Ein Tabu ist ein ungeschriebenes Gesetz, das aufgrund bestimmter Anschauungen innerhalb einer Gesellschaft verbietet, bestimmte Dinge zu tun. Beim Tabuthema „Suizid" treffen sehr konträre religiöse, moralische und philosophische Vorstellungen aufeinander.

Der christliche Glaube verbietet eine Selbsttötung, denn es gilt für Gläubige: „Gott hat das Leben gegeben und Gott wird es nehmen." Wer es tut, verstößt gegen das Gebot: „Du sollst nicht töten." Das gilt auch für Kinder und Jugendliche. Oder es heißt: „Ein Suizid richtet sich gegen die Natur des Menschen. Ihn zu vollziehen ist rücksichtslos und unmoralisch gegenüber den Menschen, die zurückbleiben und ein Leben lang den Verlust verarbeiten müssen."

Diese Gebote und Einstellungen werden auch nicht dadurch geändert, dass es existenzialistische Reflexionen über einen souveränen Freitod gibt, den ein Mensch aus einer besonderen Stärke heraus vollzieht, und man diesen als eine Handlung des individuellen Ausdrucks würdigen kann, ein existenzialistisches Pathos der „Freiheit zum Tode". Die Auffassung, dass ein Mensch mit dieser Tat frei entscheidet, seinen Lebenswert nicht aus dem Diesseits des Lustgewinnes, sondern aus dem Jenseits der Erlösung zu beziehen, könnte auch für religiöse Menschen einen völlig anderen Blickwinkel auf das Thema eröffnen.

Was auch immer Inhalt der Diskussionen und Schriften über Selbsttötung von der Antike bis zur Neuzeit war, Suizid ist in unserer Zeit nach wie vor ein Tabu. Die Tat wird abgelehnt und die Angehörigen, egal ob sie Erwachsene oder Geschwisterkinder sind, müssen in der Zeit danach mit Stigmatisierung rechnen. Da spielt es keine Rolle, ob es sich um den Suizid eines Kindes oder eines Erwachsenen handelt.

In meinen Interviews antworteten mir einige Eltern auf die Frage, ob sie eine Stigmatisierung nach dem Suizid ihres Kindes erlebt hätten, ganz spontan mit einem „Nein". Fragte ich dann aber nach, warum sie zum Beispiel einen Tag nach dem Ereignis nicht auf die Straße gehen wollten, lautete die Antwort: „Ich hatte doch auf meiner Stirn mit großen Buchstaben den Satz stehen: Mein Kind hat sich umgebracht." Oder: „Bis heute traue ich mich nicht, bei Diskussionen über Kindererziehung meine Meinung zu sagen."

In Gesprächen konnte ich oft erfahren, dass Eltern den Suizid ihres Kindes als Unfall bezeichneten, um das Unfassbare mit all der befürchteten Stigmatisierung nicht in vollem Umfang tragen zu müssen. Diese Lüge wird auch an weitere Generationen übermittelt, da es diese Tabuthematik um das Thema Suizid auch heute noch vielfach gibt.

Es gibt viele, nicht nur Kinder und Jugendliche, die trotz aller Ermahnungen sich selbst oder anderen gegenüber fahrlässig sind. Durch ihr latent suizidales Verhalten verlieren sie oft ihr Leben und reißen andere mit in den Tod. Die Trauer der Angehörigen nach einem schrecklichen Tod durch Unfall ist dann traumatisch und erschütternd. Diese Kinder und ihre Eltern werden nicht mit dem Tabuthema konfrontiert und müssen keine Stigmatisierung befürchten. Im Gegenteil, sie erfahren oft starkes Mitgefühl und Verständnis.

Eltern, deren Kinder also auf andere Art und Weise gestorben sind, durch eine Krankheit oder einen Unfall, haben dieses Stigmatisierungsproblem nicht. Dieser Fakt macht es zusätzlich schwer für Angehörige, die nach einem Suizid ihres Kindes eine Trauergruppe gefunden haben, wie sie zum Beispiel vom Verein „Verwaiste Eltern“ angeboten werden, sich gegenüber anderen Eltern zu öffnen, die ihr Kind durch Unfall oder Krankheit verloren haben. Die Tatsache, dass sich ein anderes Kind aus eigenem Antrieb das Leben nimmt, erscheint diesen Eltern unfassbar, und auch die betroffenen Eltern nach Suizid ihres Kindes schämen sich oft in einer solchen Situation, von ihrem suizidierten Kind zu erzählen.

Die Angst vor Stigmatisierung durch Menschen aus der Nachbarschaft, auf der Arbeitsstelle, in der Schule oder im Sportverein sitzt sehr tief. Geschwisterkinder werden in der Schule von Klassenkamerad*innen und Lehrer*innen ganz spontan angesprochen, möchten am liebsten vor der Frage flüchten. Wenn es passiert, kommen die Kinder weinend und voller Schamgefühl nach Hause. Andere haben Angst, bei einer Bewerbung keinen Praktikumsplatz zu erhalten, da im Ort bereits die Kunde vom Suizid ihres Geschwisters überall verbreitet wurde und sie dadurch glauben, einen Makel zu tragen. Viele sprechen aber nicht über ihre Angst vor Diffamierung am Arbeitsplatz.

Diese Angst war bei mir sehr ausgeprägt. Da ich nicht nur Mutter einer 13-jährigen Tochter, die sich ihr Leben nahm, sondern zusätzlich auch noch anerkannte Psychotherapeutin in eigener Praxis war, befürchtete ich schlimme Anklagen. Tatsächlich musste ich mir in einer Patientengruppe von einem Mann, der sich von seiner Frau getrennt hatte, den üblen Vorwurf seiner geschiedenen Frau anhören: „Wie kannst du nur zu einer Therapeutin gehen, deren Kind sich das Leben genommen hat. Die kommt doch wohl selbst nicht mit ihrem Leben klar.“ Es verletzte mich damals zutiefst, und ich erinnere mich sehr gut an das lange Schweigen und die auf mich gerichteten Blicke der restlichen Gruppenmitglieder.

Trauernde nach Suizid erleben sich geschwächt und wie in einem Schock, ebenso wie andere Trauernde nach dem Tod eines geliebten Menschen. Aber die Angst vor Stigmatisierung und die Scham über das Geschehene lässt es ihnen unmöglich erscheinen, sich mit ihrer Trauer zu zeigen. Die Vorwürfe sogar von eigenen Familienmitgliedern, als Mutter oder Vater versagt zu haben, sich nicht ausreichend um ihr Kind gekümmert zu haben, stürzen sie zusätzlich in ein tiefes Loch voller Scham und Versagensgefühl, bis hin zu dem Empfinden, aussätzig zu sein.

Ein Tabu und die damit verbundene Stigmatisierung trifft aber nicht nur die Hinterbliebenen. Diejenigen, die dieses Tabu begangen haben, werden von der Gesellschaft entwürdigt. Es kommt zu Vorwürfen, Anklagen und im geringsten Falle zu gleichgültigem Verhalten. Da es jedoch Menschen sind, die geliebt wurden und die über den Tod hinaus unseren Respekt und unsere Liebe ebenso wie andere Verstorbene verdienen, bekommt die Trauer der Hinterbliebenen einen bitteren Geschmack. Eine würdevolle Beerdigung, eine positive Grabrede, ein wohlwollender Umgang mit den Trauernden sollten eigentlich in unserem Jahrhundert auch bei einem Tod durch eigene Hand möglich sein. Vielerorts, aber leider nicht überall, ist das inzwischen auch der Fall.

Es bleibt also wichtig, in unserer Gesellschaft über dieses Thema Suizid zu reden, auch wenn es schwerfällt. Wenn darüber gesprochen wird, tauchen häufig Vorstellungen oder Vorurteile auf, die äußerst kritisch betrachtet werden müssen. Wie bereits in Teil II ausgeführt, stimmt etwa die Aussage keineswegs, dass Reden über Suizid eine suizidale Handlung veranlassen kann. Oder umgekehrt, dass Menschen, die über Suizid reden, normalerweise nicht zur Tat schreiten. Falsch ist auch die Annahme, dass Menschen, die mit Suizid drohen, nur Aufmerksamkeit erhaschen wollen. Die Meinung, dass Suizid vererbbar ist, stimmt genau so wenig wie die Annahme, dass

Suizidenten an einer mentalen Störung litten. Diese Aussagen entbehren jedweder wissenschaftlichen Begründung.

Wie schrecklich die Verstrickungen auch noch im 21. Jahrhundert in Deutschland hinsichtlich dieses Tabuthemas teilweise sind, erzählte mir eine Patientin, die von Beruf Krankenschwester ist:

> *„Ich arbeitete in einem Krankenhaus eines katholischen Trägers. Nachdem mein Sohn sich stranguliert hatte, wollte der katholische Pfarrer die Beerdigung meines Sohnes nicht mit einem Trauergottesdienst durchführen. Aus Wut darüber wäre ich am liebsten aus der Kirche ausgetreten. Das ging aber nicht, denn sonst hätte ich meine Arbeitsstelle verloren. Denn im Krankenhaus, in dem ich seit vielen Jahren tätig war, muss ich die Zugehörigkeit zur katholischen Kirche für eine Stellenzusage vorweisen. Also blieb ich in der Kirche. Ich blieb also, weil ich Angst hatte. Ich stand ja noch völlig unter Schock. Ich hatte so Angst, durch einen Austritt aus der Kirche meine Stabilität im Beruf auch noch zu verlieren."*

Ein späterer Brief an den Bischof, in dem sie von diesem Vorfall berichtete, um durch eine positive Resonanz ihren inneren Frieden wiederzufinden, wurde niemals beantwortet. Eine Zeit danach erfuhr sie in der Zeitung, dass dieser Bischof vorzeitig aus seinen kirchlichen Ämtern entlassen wurde.

Hier wird deutlich, wie Angehörige zu ihrem Schmerz auch noch die Last ihrer angeblich sündigen Kinder, die sich das Leben nahmen, mittragen müssen. Sie werden zu Mitangeklagten, fühlen sich bestraft und ausgegrenzt.

Suizid trifft Angehörige mit voller Wucht

Die Betroffenen berichten immer wieder, dass das, was geschah, sie mit voller Wucht traf.

Viele Suizide passieren im Frühling, gerade wenn die Natur aufblüht und sich die meisten Menschen von der beginnenden Wärme und den freundlichen Sonnenstrahlen ins Freie locken lassen. Bereits in Teil I habe ich über den Moment geschrieben, in welchem ich die Todesnachricht von den Polizisten überbracht bekam.

Eine andere Mutter kehrte mit ihrer Tochter von einem vergnügten Einkaufsbummel zurück und fand ihren Sohn leblos in der Garage vor.

Ein Vater hatte ein interessantes Wochenendseminar hinter sich und freute sich darauf, zu Hause davon berichten zu können. Bei seiner Rückkehr saßen schon die restlichen Familienmitglieder im Esszimmer und empfingen ihn mit der grausamen Nachricht, dass sein Sohn sich erhängt hatte.

Meine Freundin besuchte ein Geschäft, das etwas außerhalb des Wohnortes an einer Bahnlinie lag. Sie wollte ihrem Mann zum sechzigsten Geburtstag am folgenden Tag ein ganz besonderes Geschenk besorgen und sah in der Ferne seitlich der Schienen das Blaulicht eines Polizeiwagens. Kurz dachte sie daran, dass sich da wohl mal wieder jemand auf die Gleise gelegt habe. Nach erfolgreichem Einkauf heimgekehrt, musste sie erfahren, dass es sich bei dem Toten um ihren 18-jährigen Sohn handelte.

Alle Angehörigen nach einem Suizid erleben das Gleiche: Einen Abschied mit Worten, ein Streicheln oder einen Moment, in welchem man sich nochmals in die Augen blickt, gibt es nicht. Auch ein Austausch über das Warum fällt aus und die Antworten auf die vielen Fragen bleiben am Ende aus.

Es folgen weitere Beispiele, wie Eltern den harten Einschnitt in ihrem Lebensalltag erleben mussten.

Eine erfahrene Lehrerin, die viele Kinder durch ihre Schulzeit begleitet hatte, musste erleben, wie ein befreundeter Polizist ihr die Nachricht über den Suizid ihres Sohnes übermittelte. Kurz zuvor hatte ihr die Therapeutin ihres Sohnes noch glaubhaft vermittelt, dass ihr Sohn sich nicht umbringen würde, da er viel zu liebevoll mit seiner gesamten Familie verbunden sei.

Ein Vater berichtete mir über seinen ältesten Sohn, der einen sehr positiven Schulabschluss hinter sich hatte und zuvor eine Klasse überspringen konnte.

Kurz nach dem Einzug in sein erstes Studentenzimmer, noch vor Beginn des Studiums, fanden ihn Mitbewohner des Studentenwohnheimes leblos auf seinem Bett. Er hinterließ noch nicht einmal einen Abschiedsbrief. Ich und meine Frau sprachen niemals von Suizid als Todesursache. Es wurde auch keine Untersuchung in der Gerichtsmedizin eingefordert. Plötzliches Herzversagen unklarer Genese stand auf dem Totenschein des Notarztes. Erst Monate später fanden wir Aufzeichnungen in einem versteckten Notizheft mit konkreten Äußerungen unseres Sohnes über seinen Lebensüberdruss, seine Verzweiflung und gezielte Angaben zu seinem geplanten Suizid. Er wollte uns Eltern offensichtlich den Anblick ersparen seine Leiche nach einer Überdosis Tabletten im eigenen Hause vorzufinden.

In vielen Therapien, wie auch bei diesem Vater, ging es in den Gesprächen darum, ob man das Ausmaß der Betroffenheit über diese grausamen Fakten sich selbst und anderen zugestehen kann. Das Leugnen hilft allerdings nicht weiter, denn es sind keine Unfälle, es sind Selbsttötungen, auch wenn man es gerne verschweigen und verdrängen möchte. Vielleicht erscheint die Darstellung des gewaltsamen Todes als ein Unfall weniger schmerzhaft. Es fördert aber geradezu die oben genannte Tabuisierung, denn keiner traut sich, mit einer Lüge im Nacken offen über sein Leid zu sprechen. Zusätzlich behindert dieses Leugnen den Trauerprozess. Außerdem werden Betroffene, die den Suizid ungeschehen machen wollen, niemals die wundersame Erfahrung machen, dass viele in den Gesprächen von erlebten Suiziden in den Familien offen sprechen.

Auch wenn bei der Wucht des Ereignisses Betroffene ihre anderen Kinder vor den Tatsachen schützen wollen, empfehle ich, auch Geschwisterkindern stets die Wahrheit über das Geschehene zuzumuten. Manchmal muss man etwas warten, um eine ruhige Situation und die richtigen Worte für das Kind zu finden. Wenn die Kinder daraufhin viele Fragen stellen, braucht man nicht sofort zu antworten. Manchmal verschlägt es einem vor Weinen die Stimme in einer solchen Situation. Auch diese Tränen darf das Kind sehen. Die spontanen, emotionalen Reaktionen der Kinder nach diesen Aussprachen überraschen dann häufig die Eltern. Ein gemeinsames Weinen, eine kleine streichelnde Hand oder eine Umarmung hat eine heilende Kraft, wirkt oft tröstlich und stärkt die Verbundenheit in dieser schrecklichen Situation. Das Wichtigste ist es für Kinder, nach dem Geschehen von Erwachsenen mit einbezogen und gehalten zu werden. Mit den Großen sprechen dürfen und nicht als kleines Kind ausgegrenzt zu werden, gibt ihm Vertrauen, vermittelt ihm Sicherheit und stärkt die Verbindung zu den Eltern.

Im Gegensatz zu diesem Erleben ist nichts schlimmer für ein Kind, als plötzlich in der Schule von Freunden oder Nachbarn angesprochen zu werden und die Wahrheit durch andere zu erfahren. Die unerwartete Frage einer Person: „Wie hat sich denn dein Bruder oder deine Schwester umgebracht?“, kann zu einer weiteren Traumatisierung beitragen. Aber auch wenn sie die Wahrheit nicht erfahren und die Lüge auf der Familie lastet, wird dieses Schweigen verhängnisvoll, wie ich es in vielen Familienaufstellungen erleben konnte. Wenn über den Verstorbenen nicht ehrlich gesprochen oder sein Schicksal verschwiegen wird, kann es in den folgenden Generationen zu schweren Krisen und zu weiteren Ausgrenzung von Familienangehörigen kommen.

Auch wenn Eltern zunächst meinen, dass ihre Kinder mit der schrecklichen Wahrheit überfordert wären und diese zunächst verschweigen, sollten sie es später unbedingt nachholen.

Hierzu ein Beispiel:

> *Von einem Vater, der den Suizid seines Kindes nicht annehmen konnte und ihn als Unfall deklarierte, obwohl er wusste, dass sein eigener Vater und sein Schwager sich viele Jahre zuvor selbst getötet hatten, erfuhr ich in einer Trauergruppe. Zufällig hörte sein Sohn im Gespräch mit einem Onkel über die zwei bislang verschwiegen Suizide und war sichtlich empört darüber, es nicht von seinen Eltern selbst erfahren zu haben. Dies führte zu einem unnötigen Vertrauensbruch zwischen Vater und Sohn.*

Eine ehemalige Schulfreundin, die ihren Sohn verloren hat, berichtete mir:

> *Mein eigener Vater sagte kurz nach dem Suizid seines Enkels vor allen Familienmitgliedern im Wohnzimmer diesen schockierenden Satz: „Hätte der Junge sich doch wenigstens ins*

Auto gesetzt und einen Unfall gemacht." Ich verzieh meinem Vater diesen Satz niemals. Unsere Familie lebte in einem kleinen bayrischen Dorf mit einem strengen, katholischen Pfarrer, der mit hohem moralischem Druck und Drohungen vor einem Fegefeuer mit Höllenqualen uns Einwohner zu regelmäßigen Beicht- und Kirchgängen aufforderte. Insofern erlebte mein alter Vater den Suizid des Enkels als ein Versagen der Familie und fürchtete die Schande, die uns alle treffen würde.

Anhand dieser Beispiele lässt sich erkennen, dass bei einem Suizid die schrecklichen Bilder der Toten, die grausamen Abläufe der Tat, sehr belastend sind und eine folgende Stigmatisierung die Betroffenen zusätzlich traumatisieren kann.

Hinzu kommt, dass der Ablauf nach dem Todesereignis völlig anders ist als bei einem normalen Tod. Der Verstorbene wird häufig in die Gerichtsmedizin gebracht und die Polizisten als Überbringer der furchtbaren Nachricht werden in der Regel nicht als teilnahmsvolle Menschen, sondern lediglich als Vertreter des Gesetzes erlebt. Die Art der Übermittlung der Todesnachricht durch die Polizei erfolgt unerwartet hart und das Auftreten der Polizei vermittelt in dieser Schocksituation sofort den Eindruck einer Straftat. Die Betroffenen befürchten, dass eine Anklage oder Bestrafung folgen wird. Es geht eine Autorität von diesen Beamten aus, denen man sich schuldbewusst gegenüber fühlt, wenn sie an der Tür klingeln und fragen: „Haben Sie eine Tochter?"

Schließlich handelt es sich um Kinder und Jugendliche, die der elterlichen Verantwortung und Aufsichtspflicht unterliegen. Sofort denkt man, ob das Kind wohl etwas Schlimmes verbrochen hat. In diesem Moment ist das Kind bereits Täter und die Eltern fühlen sich schuldig, da sie nicht genug aufgepasst haben. Zum Glück sind inzwischen Polizisten im Umgang mit diesen schockierenden Situationen besser ausgebildet als noch vor zwanzig Jahren, wie ich es in der letzten Zeit von Betroffenen erfahren konnte.

„Sein Kind durch Krankheit oder Unfall zu verlieren, ist das Schlimmste, was Eltern passieren kann", diesen Satz habe ich häufig gehört und erwiderte stets: „Ja, das stimmt." Das eigene Kind zu überleben, ist gegen die Ordnung der Natur, in der üblicherweise alles zu seiner Zeit wächst und vergeht. Deshalb empfinden wir es als unnatürlich, wenn der Sterbeablauf in der Generationenfolge durch den Tod des Kindes durchbrochen wird. „Als betroffene Eltern müssen wir in diesem Moment erkennen, dass nichts von uns selbst in diesem Kind weiterleben wird. Wir fühlen uns dabei schuldig und unvollkommen."[12]

Es gibt keine Bewertung darüber, welcher Verlust mehr oder weniger schlimm oder schmerzlich ist. Jeder Betroffene hat seine ganz individuelle Wahrnehmung seines speziellen Traumas. Dennoch frage ich mich immer wieder, ob der Verlust eines Kindes durch Suizid nicht das Schlimmste ist.

Da Erwachsene die Weichheit eines Kindes kennen und ihnen der Fantasiereichtum eines Kindes bewusst ist, fällt es umso schwerer zu verstehen, dass ein Kind diese grausame Fantasie in eine Tat umsetzt. Es ist für Eltern nicht nachvollziehbar, dass ein Kind, zum Äußersten entschieden, einen solch destruktiven Schritt einer Selbsttötung durchführt.

Natürlich erleben auch Eltern, die ein Kind durch einen Unfall verlieren, diese Wucht des Ereignisses. Diese Kinder haben aber kein Tabu gebrochen und ihre Eltern leiden nicht unter einer Stigmatisierung.

Nach einem Tod durch Suizid kann eine schier endlose Leidensgeschichte mit traumatischer Trauer und gravierender

12 Bank, Stephen P.; Kahn, Michael D.: Geschwister-Bindung. Junfermann, Paderborn 1989, S. 239.

Schuldthematik bei den betroffenen Angehörigen mit Schuldbezichtigungen und Anklagen gegen sich und andere folgen. Hinzu kommt, dass eine liebevolle Verabschiedung von den Verstorbenen durch die Aufnahme in die Gerichtsmedizin, wie oben bereits geschildert, meist verhindert oder verzögert wird. Auch hierbei haben die Angehörigen das Gefühl, es handle sich um einen Mord oder eine Straftat, die gerichtlich untersucht werden muss

Häufig sind die Toten nach ihrer Tat so entstellt, dass den Angehörigen abgeraten wird, die Toten nochmals anzuschauen. Dabei fällt oft der Satz: „Tun Sie sich den Anblick nicht an und behalten Sie Ihr Kind wie es vorher war in Erinnerung." Dies schürt zusätzliche Ängste vor einem entstellten Toten, dessen grauenvoller Anblick einen Angehörigen vielleicht ein Leben lang verfolgen wird. Der Sarg bleibt oft verschlossen und die Hinterbliebenen können nicht, wie bei anderen Todesfällen häufig üblich, die friedlichen Gesichter des Toten sehen, seine kalten Hände nicht mehr berühren und nicht wahrnehmen, dass der Verstorbene würdevoll im Sarg aufgebahrt liegt. Eltern sagen nach der Beerdigung häufig: „Ich konnte meinem Kind nicht den letzten Liebesdienst erweisen, ich konnte es für seine letzte Reise nicht gut versorgen." Bei einem normalen Sterbefall kann man den Toten waschen, ihm sein Lieblingshemd ankleiden und eine Blume in seine Hände legen. Alles das fällt oft bei Toten nach Suizid weg. Sie kommen meist in die Gerichtsmedizin und danach läuft alles recht schnell über ein Beerdigungsinstitut. Bis heute bereuen manche zutiefst, sich nicht wirklich versichert zu haben, dass es ihr Kind war, welches im Sarg lag. Sie schämen sich ihrer Feigheit und bewerten ihr Verhalten als Verrat am eigenen Kind. Zum Glück haben sich Bestattungsinstitute auf die Besonderheiten der Beerdigungen nach Suizid inzwischen eingestellt, wodurch sich vieles im Laufe der letzten Jahrzehnte zum Positiven verändert hat.

Was unverändert besteht, ist die Tatsache, dass viele Menschen der nächsten Umgebung auf Grund des Suizid-Tabus gehemmt im Umgang mit den Trauernden sind. Sie wissen nicht so recht mit der Situation umzugehen und fragen sich, ob man bei einem Suizid genauso wie bei einem normalen Todesfall kondoliert. Durch diese Zurückhaltung der anderen wird das Gefühl der Ausgrenzung verstärkt und die Hinterbliebenen fühlen einen weiteren Makel an sich. Suizid wird als Zurückweisung oder Kränkung von den übrigen Familienmitgliedern empfunden und das erzeugt Gefühle von Ratlosigkeit, Wut, Enttäuschung, Schuld und Scham. Die Betroffenen reagieren auf Grund ihrer Schamgefühle zurückhaltend und haben Angst vor weiterer Verletzung. So kommt es häufig zu Rückzugsverhalten und Missverständnissen, da die Menschen auf beiden Seiten mit der Situation völlig überfordert sind. Gerade die dringend notwendige Unterstützung kann dann nicht stattfinden. Folglich verstärken die resultierende Einsamkeit und Isolation zusätzlich die bestehende Traumatisierung der Hinterbliebenen.

Bei all diesen Verwicklungen ist es nicht verwunderlich, dass manche Betroffenen so tun, als ob sie einfach weitermachen könnten in ihrem Alltag. Mit ihrer Aktivität glauben sie, dem Gefühlschaos entgehen zu können. Mit diesem Verhalten beschränken sie allerdings selbst den eigentlich so notwendigen Rückhalt im sozialen Umfeld.

Am Ende dieses Kapitels möchte ich einen Absatz anfügen, der die Wucht und das Ausmaß des Erlebens eines Suizides des eigenen Kindes noch einmal speziell aus psychotherapeutischer Sicht darstellt:

So wie viele Therapeutinnen, war auch ich ausgerichtet auf eine hohe Selbstwirksamkeit. Ich fühlte mich patent, handlungsfähig, hilfreich und geschult im Umgang mit Krisen und Problemen. Bis zum Suizid meiner Tochter hatte ich stets einen hohen Anspruch an meine eigene Perfektion als Mutter und Psychotherapeutin. Mein inneres Regelwerk, was ich ethisch und moralisch in diesen beiden Lebensrollen aufgebaut hatte, funktionierte bis zum Suizid meiner Tochter.
Dann passierte das Unvorstellbare, dieser Horror mitten in meinem Leben. Ich konnte mich nicht schützen davor und ich konnte mich nicht wehren dagegen.
War es ein Regelverstoß einer Therapeutin, dass es mir passierte?
Plötzlich sollte ich erleben, dass ich nicht einwirken, nicht verhindern und nicht helfen konnte. Fassungslosigkeit und Ohnmacht musste ich in mir wahrnehmen. Am liebsten hätte ich mich gerne völlig apathisch abgeschottet und in einer Höhle verkrochen.
Ich zweifelte an mir und an Gott und stellte alles Bisherige in meinem Leben in Frage. Sollte ich dieses Unglück als eine Bestrafung erleben, die ich doch eigentlich nicht verdiente? Ich tat in der Familie und in meinem Beruf bislang viel Gutes und hätte eher Anerkennung und Belohnung dafür erwartet. Meine christliche Vorstellung, wenn ich als Mensch gut bin zu anderen, dann droht mir kein schlimmes Schicksal, wurde zutiefst erschüttert. Meine verinnerlichten Regeln, die von Kindheit an in mir gewachsen waren, durch meine Eltern, Großeltern, meine Lehrer und Freundinnen, mein Gewissen und meine Moralvorstellungen wurden durch das Ereignis in Frage gestellt.
Das mitgeführte ärztliche Ethos und mein ständiges Bemühen, keine Schuldvorwürfe in Bezug auf Fehler und Versäumnisse

im Rahmen meiner Tätigkeit erleben zu müssen, hatten bislang einen hohen Stellenwert in meinem Leben.
Nach dem Suizid meiner Tochter drohten Schuldvorwürfe gegen mich selbst und gegen meine Tochter, auch Schuldvorwürfe von anderen, Nachbarn, Verwandten und Patienten. Mehr noch, ich befürchtete eine Denunziation meiner Tätigkeit als Therapeutin.

Über Trauma und Traumafolgestörungen

Da die Traumatisierung nach einem Verlust eines Menschen immer wieder Thema ist und auch in den weiteren Kapiteln angesprochen wird, möchte ich im Folgenden ein paar Fakten über Trauma, Traumafolgestörungen und Posttraumatische Belastungsstörung zusammentragen.

Im Gegensatz zu einem kritischen Ereignis, was jeden Menschen mit hoher Wahrscheinlichkeit im Leben treffen kann, handelt es sich bei einem traumatischen Ereignis um ein Ausnahmeereignis, das keinen erwarteten Teil der Biografie eines Menschen darstellt. Ersteres ist zwar belastend, hat jedoch neben Herausforderungsmomenten auch Glücksmomente. Außerdem unterliegt es der Entscheidungskontrolle des Individuums.

Trifft ein traumatisches Ereignis ein, so hat der Betroffene keinerlei Kontrolle und es kommt meist zu einem Zusammenbruch der Bewältigungsmöglichkeiten. Eine negative Resonanz der Gefühle äußert sich mit Panik, Entsetzen, Angst und Hilflosigkeit. Der Betroffene fühlt sich überwältigt und ohnmächtig. Er empfindet sich wund und verletzt an Körper und Seele.

Normalerweise leben wir Menschen meist mit dem Gefühl, alles unter Kontrolle zu haben. Es ist der ganz normale Wahn eines gesunden Menschen, und ihn aufrecht zu erhalten, verlangt von ihm viel Anstrengung im Alltag. Diese Annahme der Kontrollfähigkeit des Lebens funktioniert wie eine schützende Haut, ist aber eine Illusion. Taucht das traumatische Ereignis bei anderen Menschen auf, wie zum Beispiel beim Einsturz des World Trade Centers in New York nach dem Terrorangriff, denkt man unwillkürlich, „Gott sei Dank, es hat nicht mich getroffen". Doch plötzlich erwischt das Schicksal mich, es trifft mit voller Wucht mein eigenes Leben. Es kündigt sich nicht an, kommt völlig unerwartet und meist schuldlos.

Jeder Mensch kann von heute auf morgen Opfer eines traumatischen Erlebnisses werden. Die Folgen einer Traumatisierung können im Leben eines Betroffenen ein erhöhtes Risiko bedeuten, eine andere psychische Erkrankung zu bekommen. Sobald Hinterbliebene oder Traumatisierte eine solche Symptomatik erleben, sollten sie sofort einen Arzt aufsuchen. Je rascher eine therapeutische Intervention erfolgt, desto mehr besteht die Chance nicht in eine Chronifizierung der Erkrankung zu geraten. Diese Erkrankungen können sein:[13]

1. Phobien, z. B. Agoraphobie (Angst vor großen Plätzen), Claustrophobie (Angst vor engen Räumen)
2. Generalisierte Angststörung
3. Medikamenten- oder Drogen-Missbrauch
4. Nikotinabusus
5. Suizidalität
6. Essstörung
7. Dissoziative Identitätsstörung/Borderline-Störung

Die Auswirkungen einer starken Belastung oder einer Traumatisierung sind abhängig vom Ausmaß und von der Intensität des Ereignisses.

Sie sind aber auch abhängig von der individuellen Verarbeitungsmöglichkeit, der inneren subjektiven Wahrnehmung, den jeweiligen Vorerfahrungen und der Persönlichkeitsstruktur des Betroffenen.

13 Vgl. Reimer / Rüger: Lehrbuch der tiefenpsychologisch fundierten Psychotherapieverfahren, 2012

Was für den einen eine starke Belastung darstellt, kann bei einem anderen bereits zur Ausbildung einer Traumafolgestörung führen. Niemand kann im Grunde vorhersagen, wie ein Trauma erlebt und verarbeitet wird, ebenso wenig ist die Dauer der Bearbeitung vorhersehbar. Das Entscheidende ist immer, wie der Betroffene selbst mit dem Trauma oder dem Verlust umgeht.

Häufig höre ich die Frage in meiner Praxis: „Wie merke ich denn das Ausmaß meiner Belastung?“

Um als Therapeut*in eine Einschätzung machen zu können, wie traumatisch das Ereignis von einem Betroffenen erlebt wird, misst man, neben der Erfassung der Symptome einer Traumafolgestörung, den Grad der Belastung. In der Traumatherapie versucht der Therapeut oder die Therapeutin mit Hilfe einer Skala von 0 bis 10 den Belastungsgrad des erlebten Traumas beim Klienten zu ermitteln. Der Betroffene kann den Grad seiner Belastung aus seinem individuellen Empfinden heraus angeben. So bedeutet eine 0 keine Belastung und neutral: „Es berührt mich gar nicht“ und eine 10 maximal vorstellbare Belastung: „Es ist nicht mehr auszuhalten.“ Bei Kindern kann man auf einem Skalierungsbogen kleine Gesichter malen von 0, einem herzlich lachenden Gesichtsausdruck bis zu 10, einem angstverzerrten Gesicht.

Fällt im Zuge der Behandlung der Grad der Belastung, kann die Wirkung einer Traumatherapie und die Besserung der Traumatisierung anhand dieser Skalierung und durch Besserung der Symptome nachvollzogen werden.

Ebenfalls wichtig ist die Suche nach früheren Traumatisierungen in der Biografie des Betroffenen. In der Therapie kann er zum Zeichnen oder Malen von Trauma-Landschaften angeregt werden, wodurch anhand des Bildes die erlebte Schwere des Traumas sichtbar wird. Die Anzahl, die unterschiedliche

Höhe und Breite der Berge verschafft dem*der Therapeut*in einen Überblick für erlittene Traumata, die zeitlich und in ihrer individuellen, erlebten Schwere auf dem Bild ablesbar sind.

Man geht als Therapeut*in davon aus, dass durch ein Folgetrauma die früheren Traumata im Gehirn getriggert werden.

Zur Information füge ich nun zwei Definitionen für ein psychisches Trauma hinzu.

Definitionen für ein psychisches Trauma und Posttraumatische Belastungsstörung

Die Definition nach ICD 10 (aktuell gültige Fassung der Internationalen Klassifikation der Krankheiten; dort im Kapitel V: Psychische Störungen und Verhaltensstörungen):

> *„Ein psychisches Trauma ist eine verzögerte oder protrahierte Reaktion auf ein belastendes Ereignis oder Situation außergewöhnlicher Bedrohung oder katastrophalen Ausmaßes, die fast bei jedem Menschen eine tiefgreifende Verzweiflung auslösen würde. Wenn ein Trauma stattfindet, scheint das Nervensystem die Erinnerung an diese Situation mit allen Bildern, Gedanken, Gefühlen einzufrieren."*

Eine andere Definition findet sich bei Fischer und Riedesser (2003, 82), beide Traumatherapeuten:

> *„Ein psychisches Trauma ist ein vitales Diskrepanz-Erleben zwischen bedrohlichen Situationsfaktoren und individuellen Bewältigungsmöglichkeiten, das mit Gefühlen von Hilflosigkeit und schutzloser Preisgabe einhergeht und so eine dauerhafte Erschütterung von Selbst- und Weltverhältnis bewirkt."*

Da bei Suizidanten ebenfalls nach psychischen Vorerkrankungen oder früheren Traumen in der Lebensgeschichte gesucht wird, habe ich im Teil I die unterschiedlichen Verlusterlebnisse meiner verstorbenen Tochter beschrieben. Auch in anderen Lebensgeschichten von Suizidanten findet man häufig frühe Traumatisierungen oder Verlusterlebnisse. Nachdem ich im klinischen Alltag viele Anamneseerhebungen gemacht habe, kann ich feststellen, dass derartige Erlebnisse nicht bei allen Patienten und Patientinnen in einem Suizidversuch resultieren.

Ein Suizid muss nicht zwangsläufig traumarisierend auf die betroffenen Familienmitglieder wirken. Es kommt jedoch häufig in Folge einer Selbsttötung zu einer Traumafolgestörung und einer Posttraumatischen Belastungsstörung, die abgekürzt als PTBS benannt wird.

Nach der internationalen Klassifikation psychischer Störungen der WHO wird die PTBS unter ICD 10-F43.1 wie folgt beschrieben:

> *„Die PTBS entsteht als eine verzögerte oder protrahierte Reaktion auf ein belastendes Ereignis oder eine Situation kürzerer oder längerer Dauer, mit außergewöhnlicher Bedrohung oder katastrophenartigem Ausmaß, die bei fast jedem eine tiefe Verzweiflung hervorrufen würde.“*

Ganz allgemein muss festgestellt werden, dass, wie das Individuum unmittelbar nach dem Ereignis reagiert, nichts darüber aussagt, wie schwer eine Traumafolgestörung sein kann. Die Reaktionsweisen sind das Ergebnis von physiologischen, psychologischen und sozialen Prozessen. Es gibt Erklärungsmodelle zum Entstehen einer Traumafolgestörung, aber der

Mechanismus zur Ausbildung einer Posttraumatischen Belastungsstörung ist weitgehend unbekannt.

Da viele Betroffene im Anschluss an das schreckliche Ereignis die unterschiedlichsten seelischen und körperlichen Reaktionen in sich wahrnehmen, ist es wichtig, etwas über die Vorgänge im Gehirn zu wissen, die bei einer Traumatisierung ablaufen, und die typischen Symptome einer PTBS zu kennen. Ich habe oft erlebt, dass Betroffene glaubten, verrückt zu werden aufgrund ihrer Symptome, die sie im Anschluss an ein Ereignis nicht zuordnen konnten. Auch besteht häufig eine große Unsicherheit bei der Frage, wann man eine Fachärztin oder einen Facharzt aufsuchen sollte. Meine Empfehlung lautete auch dann: „Lieber einmal zu früh, als zu spät eine therapeutische Unterstützung annehmen.“ Weiteres zu diesem Themenbereich finden Sie in Teil III, S. 224 f.

Erklärungsmodelle für die Entstehung einer PTBS

Das Gedächtnismodell:

Durch eine Ausschüttung von Neurohormonen im Gehirn werden im sogenannten Hippocampus (Teil im Gehirn, der für das Gedächtnis zuständig ist) die eintreffenden Sinneseindrücke akustisch (hören), visuell (sehen), olfaktorisch (riechen), kinästhetisch (Bewegungsempfindung) gesammelt und in einer gesunden Verarbeitungsform in einem expliziten und einem impliziten Gedächtnis gespeichert.

Bei einer gestörten Verarbeitung durch ein Trauma bleiben die einzelnen Sinneseindrücke fragmentiert und werden in der Amygdala (Hirnareal, was die Form einer Mandel hat) im impliziten Gedächtnis gespeichert. Der Traumatisierte kann dadurch die einzelnen Sinneserfahrungen nicht in einen eindeutigen Kontext zu dem erlebten Trauma bringen. Gerüche oder Bilder können plötzlich das traumatische Erleben immer wieder triggern (Auslösen eines Vorganges), ohne dass der Betroffene konkret weiß, was passiert ist. Es kann geschehen, dass sich ein Klient nicht an den Ablauf eines Unfalles oder eines sexuellen Übergriffes erinnert, jedoch durch den Geruch von Blut oder Parfüm, durch bestimmte Geräusche, oder durch das Anfassen von Materialien das traumatische Ereignis „getriggert" wird. Diese Wahrnehmungen können heftige Angst- und Abwehrreaktionen bewirken.

Hormonelles Stress-System-Modell:

Ein anderes Erklärungsmodel nimmt das Hormonelle Stress-System als Vorlage: Es wurde festgestellt, dass Traumatisierte eine hohe Aktivität im noradrenergen Stresssystem (Adrenalin und Noradrenalin sind Stresshormone) vorweisen. Dies führt zu Schlaflosigkeit, mangelnder Konzentration, Schreckhaftigkeit und Übererregung. Die Cortisol-Ausschüttung (Stresshormone) nimmt ab und die Sensitivität der Glucocorticoidrezeptoren (Hormone gebildet in der Nebennierenrinde, die die Umwandlung von Eiweiß in Zucker bewirken) wird erhöht.

Symptomatik der PTBS

Die Symptomatik einer Traumafolgestörung oder PTBS wird gerne geteilt in eine konstriktive Symptomatik und in eine Symptomatik mit Übererregung.

Bei der konstriktiven Symptomatik kommt es zu einer Abspaltung von Wahrnehmung und Affekten bis hin zu einer

Dissoziation (Auseinanderfallen von psychischen Funktionen) mit Derealisation (verfremdete Wahrnehmung) und Depersonalisation (Selbstentfremdung).

„Das bin nicht Ich, dem das passiert ist. Das kann gar nicht real passiert sein."

Man will dem Ganzen entfliehen, kann sich nicht erinnern und will das Geschehene verdrängen. Es kann zu einer Psychogenen Amnesie (seelisch bedingtes Nicht-Erinnern) kommen. Diese ist von einer normalen Vergesslichkeit zu unterscheiden.

Eine emotionale Taubheit mit Einschränkung von Freude, Liebe und Trauer kann eintreten. Vermeidungstendenzen treten auf. Die Traumatisierten wollen die Orte des Geschehens (Bahnlinie, Tatorte) oder auch Menschen, die mit dem Trauma in Beziehung stehen, meiden. Mit dem Trauma assoziierte Gedanken und Gefühle werden vermieden. Ebenso Aktivitäten oder Situationen, die an das Thema erinnern (Glatteis, Bahnfahrten). Diese Situationen können als Trigger das Traumaerleben in Gang setzen. Auch Ereignisse, die dem Trauma ähnlich sind, können den Menschen im Alltag beeinträchtigen. Zum Beispiel Jahrestage oder Geburtstage.

Im Folgenden zwei Beispiele für eine PTBS mit unterschiedlicher Symptomatik aus meiner Praxis:

Eine Patientin, deren Sohn sich gemeinsam mit seinem kleinen Kind, also ihrem Enkelkind, vor einen Intercity-Zug geworfen hatte, war bereits vorher wegen einer Angstsymptomatik bei mir in Behandlung. Sie konnte sich direkt nach dem Ereignis bei mir melden und in wenigen Therapiestunden psychisch stabilisieren. Es blieben jedoch neben körperlichen Beschwerden, wie Kopfschmerzen, Übelkeit und allgemeiner Schwäche eine Unfähigkeit, sich in die Nähe eines Bahnhofes oder einer Zug-

linie zu begeben. Sobald sie sich diesen Bereichen annäherte, bekam sie einen rasenden Puls und Übelkeit bis zum Erbrechen. Sie konnte sich nicht vorstellen, jemals wieder zu verreisen oder mit dem Zug zu fahren, was sie bis zu dem tragischen Todesfall als Rentnerin mit ihrem Mann gerne gemacht hatte.

Es ist offensichtlich, dass diese sehr unternehmungslustige Frau ohne eine adäquate Traumatherapie sich nach diesem Ereignis nicht mehr frei bewegt hätte.

Eine andere Patientin kam wegen anhaltender Geruchsmissempfindungen in meine Praxis. Sie war als Ärztin privat vor Ort, als ein junger Mann sich in der Garage mit den Abgasen seines Mopeds suizidiert hatte. Sie hatte dennoch vergeblich versucht, über eine Mund-zu-Mund-Beatmung mit Herzmassage den bereits toten Körper wieder zu beleben. Der Geruch des Zweitakter-Ölgemisches blieb ihr über mehrere Tage verbunden mit Ekelgefühlen in der Nase hängen. Sie hatte ständig das Bedürfnis, diesen Geruch durch Naseputzen oder Abwaschen mit Wasser zu vertreiben. Es war nicht möglich. Mit dieser Missempfindung war sie unfähig, sich im normalen Stadtverkehr zu bewegen. Jedes Moped triggerte die Erinnerung an das Ereignis in der Garage und den schrecklichen Abgasgeruch an. Eine zunehmende Verzweiflung mit Rückzugtendenzen im Alltagsleben war die Folge.

Manche Betroffene halten sich zwanghaft wach, um den Albträumen im Schlaf zu entgehen. Diese Albträume sind wiederkehrend, stehen mit dem Ereignis im Zusammenhang und werden als extrem belastend erlebt. Aber es kann auch zu Tagträumen kommen.

Eine gedankliche Vorwegnahme von anderen pessimistischen Einstellungen oder negativen Ereignissen soll verhindern, weitere Gedanken über das erlebte Trauma zu bekommen und dadurch erneut überflutet zu werden. Es kommt zu Gefühlen „hilflos und ausgeliefert“ zu sein. Eine Selbstunsicherheit stellt sich ein. Das Urvertrauen scheint verschwunden zu sein.

Die positiven Grundüberzeugungen gehen verloren, wie zum Beispiel das stabilisierende Erleben „Vater und Mutter sind gut oder die Welt ist offen für mich.“ Dies kann zu Entfremdungsgefühlen führen: „Ich bin gar kein Mitglied dieser Familie. Ich fühle mich nicht mehr als der, der ich war.“ Das Erlebte kann nicht in Worte gefasst werden. Es besteht eine Unfähigkeit, darüber zu reden.

Die Symptome der Übererregung bei einer PTBS zeigen sich völlig konträr zu den oben genannten.

Wiederkehrende, eindringliche Erinnerungen treten auf, die sich ungewollt aufdrängen, sogenannte Intrusionen. Sie führen zu einem sich ständigen Erinnern und Beschäftigen mit dem Erlebten und wühlen die Betroffenen auf. Es kann zu plötzlichem Handeln und Fühlen kommen, als ob das Trauma wiederkehrt. Es kommt zu Illusionen und dissoziativem Erleben (z. B. mit verändertem Geruchs- und Geschmackssinn). Diese Empfindungen unterscheiden sich von den bewussten, wiederkehrenden Gedanken an das Trauma, die von den Betroffenen gesteuert werden und der Verarbeitung des Erlebten dienen können.

Ein sogenanntes Hyperarousal, eine inadäquate und verstärkte Schreckreaktion mit vegetativer Symptomatik wie Atemnot, Beklemmung, Herzrasen, Zittern, Drehschwindel, Übelkeit, Erbrechen, Magen-Darmbeschwerden, Schreckhaftigkeit, Todesangst, Angst vor Kontrollverlust und Verspannung ist ebenfalls zu beobachten. Meistens sind es Reaktionen bei traumaassoziierten Ereignissen. Der Mensch befindet sich im Dauerstress, es kommt zu Schlafstörungen, Ein- und Durchschlafstörungen, Albträumen, die sich zu chronischen Schlafstörungen entwickeln können.

Auch eine Hypervigilanz, eine angespannte, übermäßige Wachsamkeit, kann auftreten. Als ob man immer wieder mit dem Trauma konfrontiert werden könnte. Konzentrationsstörungen treten auf und sind häufig verbunden mit Gedächtnisproblemen und häufig mit einer erhöhten Reizbarkeit.

Die Symptomatik bei Kindern und Jugendlichen kann der von Erwachsenen ähnlich sein. Kinder sind häufig vegetativ irritabel. Sie klagen dann über Bauchschmerzen, Kopfschmerzen und Muskelverspannungen, berichten von Schlafstörungen oder sind schreckhaft und lärmempfindlich Das Spielverhalten ist auffällig. Sie wollen das erlebte Ereignis im Spiel wiederholen. Manchmal wird die Szene stereotyp immer weitergespielt. Das natürliche, kreative, explorierende Spiel eines Kindes ist verschwunden.

Manche Kinder spielen nicht mehr. Sie wirken wie betäubt oder abgestumpft. Ihre Wahrnehmung wirkt eingeschränkt. Manche regredieren in eine Babysprache, also fallen zurück in eine frühere, bereits durchlaufene Entwicklungsphase. So können sie plötzlich wieder inkontinent werden, krabbeln, anstatt zu laufen oder wollen Babyfläschchen trinken. Oder sie wollen nicht mehr sprechen. Manchmal zeigen sie ein Vermeidungsverhalten, bei dem sie bestimmte Orte nicht mehr betreten. Eine erhöhte Impulsivität und Aggressivität mit Wutanfällen und Schreien wird bei einigen Kindern auch beobachtet.

Wann ist professionelle Hilfe erforderlich

Häufig höre ich in meiner Praxis die Frage, wann eine Traumatherapie erforderlich und sinnvoll sei.

Manchmal ist eine direkte, also sofortige Intervention nach einem traumatischen Ereignis im Sinne einer akuten Belastungsstörung erforderlich. Zum Glück ist es inzwischen möglich, direkt nach dem Ereignis einen Notfallseelsorger zur sofortigen Krisenintervention zu bekommen. Diese rasche Soforthilfe wird von allen Betroffen, die ich bislang fragte, als äußerst hilfreich empfunden. Sich bereits bei der Notfallversorgung mit einer warmen Decke oder einer heißen Suppe und den richtigen Worten angenommen zu fühlen, kann Schlimmeres verhindern. Da es inzwischen durch Ergebnisse in der Hirnforschung bekannt ist, dass es nach dem traumatischen Ereignis zu einer vulnerablen Phase im Gehirn kommt, ist eine rasche Hilfe empfehlenswert. Vor allem bei Kindern ist dies wichtig, da in dieser ersten Phase auf neurobiologischer Basis im Gehirn die Weichen für eine positive oder negative Verarbeitung des Ereignisses gestellt werden.

Im weiteren Verlauf einer Krisenintervention geht es um stabilisierende Maßnahmen, die verhelfen sollen, wieder den Boden unter den Füßen zu spüren und ein Gefühl von Autonomie wiederzuerlangen, um sich nicht mehr hilflos und ausgeliefert zu fühlen. Der Betroffene soll wieder ein Gefühl von Kontrolle bekommen. In der ersten Schocksituation fühlen sich viele Betroffene wie in Watte gepackt, erleben alles als unwirklich und so, als ob das Geschehen um sie herum nur in der Ferne stattfindet. Oft laufen sie völlig ziellos umher und vergessen alles, was man ihnen sagt. Es ist sehr wichtig, die traumatischen Erlebnisse und die Verhaltensweisen des Betroffenen nicht zu bewerten oder gar das Geschehen zu bagatellisieren. In Bezug auf die traumatische Verlustsituation nach einem Suizid ist es wichtig zu wissen, dass jeder Mensch anders trauert. Ich werde im folgenden Kapitel speziell auf traumatische Trauer eingehen.

Wenn die unterstützenden Maßnahmen durch ein gutes, nachbarschaftliches und freundschaftliches Netzwerk oder durch seelsorgerische Trauerbegleitung nicht ausreichen und die Betroffenen merken, dass es ihnen nach längerer Zeit nicht gelingt, wieder am Leben teilzunehmen, sie keinen Sinn im Leben sehen, Schuldgefühle unvermindert anhalten oder die o.g. Beschwerden einer PTBS nicht verschwinden, sollte eine Therapie ins Auge gefasst werden, welche über den Hausarzt per Überweisung oder auch durch direkte Kontaktaufnahme zu einem niedergelassenen Psychotherapeuten erfolgen kann.

Manchmal ist direkt nach einem erfolgten Trauma eine traumatherapeutische Krisenbehandlung oder eine Kurzzeittherapie erforderlich. Zum Beispiel kann es sinnvoll sein, direkt nach dem Verlust eines Menschen mit EMDR zu arbeiten, um einen Suizid oder eine Dekompensation zu verhindern.[14] (Zum Begriff EMDR vgl. Teil III, S. 173 f. und S. 224.) Sich aufdrängende Bilder, Erinnerungen oder Fantasien sowie sensorische Eindrücke können auf diese Weise gemildert oder beseitigt und somit einem starken Vermeidungsverhalten entgegengewirkt werden. EMDR heilt nicht, sondern es löst Blockaden, die Menschen davon abhalten, sich selbst zu heilen.

Nach Abschluss einer solchen Behandlung in der Akutphase sollte bei Traumapatienten nach circa acht Monaten eine

---

14 EMDR = *Eye Movement, Desenzitisation and Reprocessing* = *Augenbewegung, Desensibilisierung, Durcharbeiten.* Eine Liste von EMDR-Traumatherapeuten können Sie im EMDR-Institut von Prof. Arne Hofmann in Bergisch Gladbach beziehen. Eine ausführliche Beschreibung der EMDR-Therapie finden Sie im Internet unter *EMDR-traumatherapie.de;* Vgl. Hoffmann, A.: EMDR in der Therapie psychotraumatischer Belastungssyndrome, Thieme 1999.

erneute Sitzung mit Befragung über eventuelle Symptome und Skalierung des Grades der Belastbarkeit durchgeführt werden.

Falls der Grad der Belastung in den folgenden Monaten nicht weiter nach unten gefallen und bei einem Level von 3 bis 4 oder auch höher stehen geblieben ist, sollte eine weitere Therapie erfolgen. Letztendlich sollte der Grad der Belastung bei 0 oder maximal 2 liegen.

Man kann eine Therapie ambulant, teilstationär oder stationär durchführen. Häufig wählt man zunächst den ambulanten Rahmen für die Traumabehandlung, stabilisiert den Patienten und fördert seine Ressourcen, damit er sich im Alltagsleben wieder sicherer fühlt.

Eine Traumaexposition oder -konfrontation mit Durcharbeiten des traumatischen Materials wird, falls es nötig ist, häufig nach ausreichender Stabilisierung im sicheren, behütenden Rahmen einer Klinik stattfinden. Erfahrene Traumatherapeut*innen können diese aber auch im Rahmen einer ambulanten Traumatherapie und manchmal auch direkt nach einer traumatischen Erfahrung durchführen.

Insbesondere bei Traumatisierung von Kindern muss eine Behandlung rasch erfolgen. Hierzu ist es vor allem nötig, ein funktionierendes Netzwerk herzustellen, um dem Kind Schutz und Unterstützung bei der Verarbeitung des Erlebten zu bieten.

Trauer, komplizierte Trauer, traumatische Trauer

Obwohl es in diesem Buch nicht speziell um das Thema Trauer geht, möchte ich hier über Trauer, und die speziell nach Suiziden oft einsetzende traumatische Trauer eingehen.

Im Alltag umschreibt der Begriff Trauer das Gefühl, welches beim Verlust eines Menschen oder Lebewesens aufkommt und welches sich im äußeren Verhalten des Betroffenen ausdrückt. Trauer kann sich aber auch als Reaktion auf die unterschiedlichsten Trennungserlebnisse einstellen, zum Beispiel Verlust eines Wohnortes, der Arbeit oder einer gewohnten Lebenssituation.

Trauer ist kein Symptom, das bekämpft werden muss, sondern Ausdruck eines Heilungsprozesses. Mit dem Trauerprozess haben die Betroffenen die Möglichkeit, aus der Zerrissenheit der Gefühle und Gedanken langsam eine Verbindung zwischen Kopf, Bauch und Herz zu schaffen. Dies gelingt nur, wenn die Trauer nicht verdrängt wird. Man kann eine Trauer verschieben, weil die momentane Situation es vielleicht erfordert. Aber letztendlich müssen die Trauernden sich mit den aufkommenden Gedanken, Glaubenssätzen, Überzeugungen und den Gefühlen auseinandersetzen.

Die sozialen Reaktionen im Trauerprozess können geprägt sein von sozialem Rückzug oder aber von Hyperaktivität. Körperliche Reaktionen wie Schlafstörungen, Unruhe, Gereiztheit, Herz-, Kopf- und Magenschmerzen kommen häufig vor.

Der Prozess des Trauerns nach dem Verlust eines geliebten Menschen durch Suizid, um den es hier gehen soll, ist natürlich und notwendig. Er hilft uns auch, nach einem Verlust durch Suizid das Unfassbare langsam zu verarbeiten. Da es nie wieder so sein wird wie es war, wird der, der zurückbleibt vom Schicksal herausgefordert, eine neue Identität und eine neue Sinnhaftigkeit in seinem Leben zu finden. Dabei gilt es das Leben vor, und das Leben nach dem Verlust respektieren zu lernen. Der Trauerprozess wird zu einer Aufgabe und Herausforderung, unsere gefundenen Annahmen über Gott, das Leben und die Welt zu reflektieren und bestimmte Haltungen und Einstellungen zu überprüfen. Es braucht Zeit, die Trauer als einen wichtigen Begleiter anzunehmen, der trotz aller Schmerzen und tiefer Verzweiflung mit uns geht, damit wir nach einem schweren Einschnitt in unserer Lebenslinie wieder einen gangbaren Weg unter unseren Füßen spüren können. Voller Verzweiflung müssen manche erleben, dass sich alte Verluste und Lebenskrisen zur akuten Trauer addieren. Gerade nach einem traumatischen Ereignis wie einem Suizid wird das Leben niemals mehr so sein wie vorher. Die Verbindung zu einem Kind, welches wir geboren, geliebt, gefördert und aufwachsen gesehen haben, wurde abrupt gekappt. Es schmerzt so sehr körperlich und seelisch.

Hier ein sehr persönlicher Text von einer Freundin, die ihren Sohn bereits im Alter von 11 Jahren durch Suizid verloren hat. Ich benutze dieses Beispiel häufig als Bild, um Trauernden die sich stetig wandelnden Trauerschübe zu erklären.

Meine Trauer erlebte ich so schmerzhaft. Ich hatte das Gefühl nach dem Tod meines Sohnes, als ob mir ein Teil meines Herzens aus dem Körper gerissen wurde und eine tiefe, klaffende Wunde in mir blutete. Um den seelischen und den körperlichen Schmerz zu mildern, brauchte ich ein Bild für meine Trauer. Ich hatte ein kleines Lebensboot, mit dem ich in See stach. Anfangs kamen heftige Wellen von Trauer in kurzen Abständen auf mich zu und erfassten mich heftig und rüttelten mich durch, so dass ich dachte zu kentern und unterzugehen. Dann ließen die Stürme und Windböen langsam nach, die Wogen flachten etwas ab und kamen immer seltener. Dennoch überraschten mich immer wieder völlig unverhofft ein paar Wellen und erschütterten und beängstigten mich erneut. Dann kam wieder schöneres Wetter und ich fuhr gelassen weiter. Schließlich lenkte ich mein Lebensboot durch sanftere Gewässer und ich konnte endlich meine Fahrt genießen. Manchmal ging ich an Land oder legte an einer traumhaften Insel an, um mich auszuruhen, mich zu spüren. Ich erlebte immer mehr Sicherheit auf See und hatte weniger Angst vor schlechtem Wetter mit hohem Seegang.

In dieser Annahme von Trauer lässt sich eine Lebensaufgabe erkennen. Diese Freundin wurde zur Bootsfrau, andere werden zu Kutschern oder andere zu Bergsteigern, die sich mit ihrer Trauer auf den Weg machen, um sich mit den vielfältigen Herausforderungen ihres Lebens auseinanderzusetzen.

Die Herausforderungen bestehen darin, den Trauerprozess in Bezug zum Toten, zur Außenwelt und zur eigenen Person anzunehmen.

In Bezug auf den Toten kann ich zwar beten für seine Seele, dass er die Barmherzigkeit Gottes erfahren möge, manch einer bittet für sein Weiterleben im Paradies oder auf eine Reinkarnation des Toten, aber ich selbst muss anerkennen, dass alle Hoffnung und Zukunft auf ein gemeinsames Weiterleben beendet ist und ich lernen muss, Wege ohne ihn zu gehen. Erinnerungen, Erlebnisse, Gefühle und Hoffnungen werden reflektiert. Da die reale, physische Präsenz nicht mehr gegeben ist, entdecke ich neue Zugänge, zum Beispiel in Form eines symbolischen Kontaktes, um offene Fragen und eventuelle Versäumnisse in der Beziehung zum Verstorbenen nachträglich zu klären.

In Bezug auf die äußere Welt lernen Trauernde, dass das Leben weitergeht. Vielleicht erfahren sie sich im Laufe der Zeit in einer neuen Rolle in Familie oder Beruf, schöpfen Hoffnungen, verbinden sich mit alten oder neuen Glaubenssätzen und finden neue Ziele.

In Bezug auf das Selbst steht die zwangsläufige Erfahrung der eigenen Ohnmacht in Bezug auf den Tod. Allmachtgedanken, die wir Menschen gerne in uns tragen, werden durch die Ohnmacht, die wir angesichts des Todes eines Kindes erleben, verschwinden. Der/die Trauernde muss langsam erkennen, was er/sie im Leben kontrollieren und bewirken kann und was nicht. Es geht dabei um eine Grenzerfahrung und die Wahrnehmung der eigenen Schranken. Auch die eigene Entscheidung, ob man den Verlust überlebt, ob man sich selbst aufgibt oder ein Weiterleben akzeptiert, fällt in diesen Grenzbereich. Der Verlust will integriert werden in einen eigenen Lebensrahmen und ich kann entscheiden, wie ich eine Sinnhaftigkeit in meinem Leben finde. Dabei erwarten mich gesellschaftliche Dissonanzen mit anderen und eine Auseinandersetzung mit moralischen, philosophischen und religiösen Gedanken in mir selbst.

Jeder Mensch hat seine eigene Trauer, seine eigenen Erlebnisse und Bilder in seinem Prozess. Es gibt dabei kein richtig oder falsch und auch kein zu schnell oder zu langsam. Trauer hört auch nicht auf, sondern sie wandelt sich. Ein wichtiges Signal für eine Abwendung von ständiger Trauer ist, wenn der Trauernde aus einer eigenen Entscheidung heraus seiner Trauer Grenzen setzt.

In der Therapeutensprache heißt es, dass eine gesunde und erfolgreiche Trauer dadurch charakterisiert ist, dass der Trauernde das Objekt auf eine neue Art und Weise bestätigen kann und eine neue Beziehung zum Verstorbenen möglich ist. Dabei kommt es zu einem Wiederherstellen der inneren Welt, also zur „Schaffung eines neuen Selbst“ und zur Erneuerung der Beziehung nach außen, also zu einer „Neuen Beziehung zur Welt.“

Hier stellt sich die Frage, wann spricht man von normaler, unkomplizierter Trauer und wann von einer komplizierten Trauer?

In allen Aspekten von komplizierter Trauer lässt sich Folgendes finden:

Es wird vom Trauernden der Versuch unternommen, etwas dauerhaft festzuhalten. Er versucht, den verlorenen Menschen nicht mehr loszulassen. Alle Aspekte des Verlustes, auch die damit verbundenen Schmerzen und die Realität des Geschehens werden verneint, unterdrückt und gemieden.

Meine Aufgabe als Therapeutin in der Behandlung dieser komplizierten Trauer bestand darin, diese komplizierten Faktoren zu erkennen, Blockaden zu lösen, Verteidigungshaltungen zu entkrampfen, festgehaltenes Material zu bearbeiten, damit die Trauer in einen unkomplizierten Trauerprozess umgeleitet wird.

Zu den Formen komplizierter, oder besser gesagt erschwerter Trauer zählt man:

1. Verleugnete Trauer
2. Verspätete Trauer
3. Chronische Trauer oder verlängerte Trauer
4. Verzerrte Trauer
5. Traumatische Trauer
6. Somatisierte Trauer

Ich gehe lediglich auf die traumatische Trauer ein, da es hier um Suizid eines Kindes, also um ein traumatisches Ereignis geht, welches die Hinterbliebenen trifft. Das heißt nicht, dass jede*r Angehörige, der/die ein traumatisches Verlusterlebnis hat, automatisch einen komplizierten, traumatischen Trauerprozess durchlaufen muss.

Es kommt aber häufig vor, dass der/die Betroffene in seinem posttraumatischen Stress hängen bleibt und dem Trauma, welches im Vordergrund seiner Trauer steht, weiterhin die Stirn bietet. Hier gilt es, das Trauma zu lösen, damit am eigentlichen Verlustthema weitergearbeitet werden kann. Hierzu sind spezielle traumatherapeutische Verfahren notwendig, wie ich sie im Kapitel Trauma beschrieben habe.

Am Ende dieses Kapitels möchte ich über meine eigene Erfahrung im Umgang mit meiner traumatischen Trauer nach dem Suizid meiner Tochter berichten und wie hilfreich ich dabei die Arbeit mit einer Traumatherapeutin erlebte. Da ich keine konkreten Inhalte aus den Therapiestunden meiner Patienten*innen veröffentlichen will, schreibe ich hier über meine eigenen Erfahrungen bei einer Traumatherapeutin, damit sich der*die Leser*in ein Bild davon machen kann, was eine Traumatherapie, wie zum Beispiel EMDR in meinem Fall, bei traumatischer Trauer, konkret bearbeiten kann.

Die Schmerzen in meinem Nacken, die immer wieder das Bild des rollenden Zuges über den Hals meiner Tochter in mir wachriefen, waren kaum zu ertragen. Ein Kollege empfahl mir eine Traumatherapie bei einer Therapeutin in Holland. Er wusste, dass sie in schwersten Krisen, wenn Traumatisierte noch in einer Schocksituation standen, sofort gerufen wurde. So fuhr ich in die Niederlande und machte dort meine erste Erfahrung mit EMDR. Bereits nach zwei Sitzungen mit dieser genialen Frau war meine Schmerzsymptomatik im Nacken verschwunden. In diesen Therapiestunden nahm der Grad meiner traumatischen Belastung also sofort ab. Es verschwand nicht nur der quälende Schmerz, sondern ich gewann auch entscheidende neue Erkenntnisse. Mein Wunsch, hilfreiche Informationen in einer liebevollen, annehmenden therapeutischen Situation zu bekommen und dabei nicht von eindringenden Fragen verunsichert zu werden, ließ neues Vertrauen in mir wachsen.

Besonders wichtig war für mich zu erfahren, dass der Moment des Todes meiner Tochter nicht mit langem, qualvollem Schmerz verbunden gewesen ist. Ähnlich wie beim Sterben auf dem Schafott, worüber Hanna mich bereits früher in Bezug auf den Tod von Marie Antoinette ausgefragt hatte, handelt es sich um einen extrem kurzen Augenblick, nicht um ein qualvolles, langes Ende. Dies nun zu wissen, entlastete mich sehr, denn zuvor hatte ich das Gegenteil angenommen und mir immer wieder vorgestellt, wie entsetzlich dieser Schmerz für Hannas Körper gewesen sein musste.

Außerdem erinnerte ich mich an ein heftiges Herzrasen, als ich nach dem Überbringen der Todesnachricht in Begleitung der beiden Polizisten durchs Treppenhaus zu Hannas Zimmer eilte. Dieses Herzrasen tauchte bei der Bearbeitung in einer Trauma-Sitzung erneut auf, so dass ich befürchtete, ich bekäme einen Herzinfarkt. In diesem Moment wurde mir erst klar, wie sehr mein eigenes Leben durch diesen Schockzustand gefährdet war; das hatte ich davor gar nicht wahrgenommen.

Für meine spätere Arbeit war diese Erkenntnis sehr wichtig. Wenn ich Betroffene in derartigen Schockphasen oder kurz danach erlebe, betone ich immer, dass sie sich körperlich nicht anstrengen dürfen. Ich erkläre ihnen, dass man in dieser Phase die Überlastung im psycho-physischen Bereich nicht wahrnimmt und sich deshalb leicht selbst überschätzt.

Ein weiteres Themengebiet in der Trauma-Arbeit war mein „Kreisen um das Warum". „Hanna, warum hast du das getan?", „Hanna, wie konntest du uns das antun?", „Hanna, hast du denn gar keine Liebe mehr für uns empfunden?"
Dadurch, dass es keine Aussprache, keinen Abschied gab, bei dem ich Hanna all diese Fragen noch hätte stellen können, bewegte sich in meinem Kopf ununterbrochen ein Gedankenkarussell. Es waren Spiralen von Schuldzuweisungen, Schuldgedanken und Schuldgefühlen. Wobei Schuld kein Gefühl ist, wie unsere Grundemotionen von Angst, Ekel, Wut oder Freude. Auch kein Gefühl wie empfundene Geborgenheit, Liebe oder Trauer. (Ich werde im Kapitel „Spirale der Schuld" tiefer in dieses Thema einsteigen.)
Die Therapeutin ermöglichte ein virtuelles Verabschiedungsgespräch, das ich mit meiner Tochter im Nachhinein führen konnte. Dabei tauchte Hanna hinter meinen geschlossenen Lidern in einem hellen Lichtkreis vor mir auf, und ich konnte wahrnehmen, dass sie zu einem Gespräch gekommen war. In diesem imaginären Kontakt hörte sich meine Tochter all meine wirren Fragen an. Sie schwieg lange. Dann sagte sie: „Mama, ich liebe dich!" Erstaunt hielt ich inne und fühlte mich etwas ruhiger. Aber kurz darauf begann ich wieder zu hadern und schimpfte: „Mit dieser Antwort sollen jetzt alle meine Fragen beantwortet sein? Dafür kann ich mir jetzt ein Eis kaufen?" Ich war enttäuscht und wütend. Der Lichtkreis mit Hanna verschwand. Ich blieb verärgert zurück. Als die Therapeutin nach einiger Zeit fragte, was denn Hanna auf meine Fragen geantwortet habe, entgegnete ich: „Mama, ich liebe dich." Und ich ergänzte, das könne doch nicht alles gewesen sein. Lächelnd forderte mich Joany, die Therapeutin, auf: „Dann musst du es ihr sagen und vielleicht weiterfragen." Tatsächlich gelang es mir, Hanna nochmals in ein weiteres

Gespräch zu holen, in dem ich erneut mit meinen Fragen in sie eindrang.
Nach einiger Zeit wandte meine Tochter sich von mir ab, als wollte sie gehen. Dabei sagte sie: „Mama, ich habe es dir einmal gesagt und ich werde es nicht wiederholen." Ich blieb weinend zurück und mir wurde klar, dass dieser Satz für mich der entscheidende Satz in allen weiteren Lebenslagen bleiben würde. „Mama, ich liebe dich." Ihr Tod sollte für unsere Liebe keinen Abbruch bedeuten. Ich verstand, dass Hanna nicht weggegangen war, weil sie mich nicht liebte. Für Tochter und Mutter würde dieses Liebesbekenntnis für immer gelten: „Ich liebe dich Mama" und „Ich liebe dich Hanna". Es bedurfte keiner Wiederholung für immer und ewig.

Phasenmodelle des Trauerns

Trauer ist so alt wie die Welt. In jeder Kultur und zu jeder Zeit wird anders getrauert. Erfreulich finde ich, dass sich im Umgang mit Sterben und Trauer in den letzten Jahrzehnten sehr viel zum Positiven gewandelt hat. Diese Verbesserung hat auch eine verstärkte Kommerzialisierung des gesamten Trauerbereiches zur Folge. Ein umfangreiches Angebot an unterstützender Trauerliteratur, wertvolle Selbsthilfegruppen, professionelle Ausbildung von Seelsorgern und Trauerbegleitern, Spezialisierung von Psychotherapeut*innen auf Trauer- und Traumabereiche, rasche Möglichkeit der Krisenintervention, sind als wichtige Verbesserungen in den meisten europäischen Ländern und in der USA zu nennen.

Hier eine kurze Zusammenfassung, um einen raschen Überblick von verschiedenen Trauermodellen zu bekommen.

Weitere Literatur finden Sie im Verzeichnis am Ende des Buches.

Die fünf Trauerphasen nach Elisabeth Kübler-Ross

Die amerikanisch-schweizerische Psychiaterin Elisabeth Kübler-Ross wird oft als Begründerin der modernen Sterbeforschung beschrieben. Sie setzte sich in ihrem 5-Phasen-Modell mit dem Thema Sterben auseinander. Dieses Modell für Sterbende lässt sich auch auf Trauernde übertragen. Auch nach ihrem Tod 2004 blieben ihre Bücher zum Thema Sterben, Tod und Trauer viel beachtet. Das unten angeführte 5-Phasen-Modell des Trauerns wurde inzwischen von anderen Trauerexperten um zwei weitere Phasen erweitert, um die 6. Phase Schuldgefühle und die 7. Phase Angst.[15]

15 Zu Lesen in ihrem Buch „On Death and Dying“, Verlag Simon&Schuster 1969.

1. Phase des Leugnens
2. Phase der Wut
3. Phase des Verhandelns
4. Phase der Verzweiflung
5. Phase der Akzeptanz

Vier-Phasen-Modell der Trauer von Verena Kast

Die Ärztin und Psychotherapeutin Verena Kast lehnte sich zunächst an das Modell von Kübler-Ross an und formulierte dann ihre eigenen vier Phasen des Trauerns, die immer wieder, auch miteinander vermischt und bei jedem Trauernden sehr unterschiedlich auftreten können. Dieses Modell ist hilfreich in der therapeutischen Arbeit mit Trauernden.[16]

1. Phase des Nichtwahrhabenwollens
2. Phase der aufbrechenden Emotionen
3. Phase des Suchens und Sich-Trennens
4. Phase des neuen Selbst- und Weltbezuges

Transzyklen-Modell von Jorgos Canacakis

Der Psychologe und ehemalige Opernsänger Jorgos Canacakis beschreibt seine Theorie des Trauerns mit fünf Transzyklen. Er erweitert die vier Trauerphasen und lässt die Transzyklen fließend ineinander übergehen mit spiralförmigen Wiederholungen. Dabei betont er die schöpferischen Fähigkeiten des Menschen, mit einem Verlust umzugehen.[17]

1. Bewusstwerdung des inneren und äußeren Bewegtseins.
2. Zeit der Inspiration und des kreativen Sprungs.
3. Selbstregulierung durch die Dynamik des schöpferischen Tuns.

---

16 Zu lesen in ihrem Buch „Trauern, Phasen und Chancen des psychischen Prozesses", Stuttgart Kreuz-Verlag 1982.

17 Zu lesen in seinem Buch „Ich sehe Deine Tränen", Stuttgart Kreuz-Verlag 1992.

4. Stabilisierung und erneute Beziehung nach innen und außen mündet in:
5. Neuordnen, Neuanfangen, Neuorientieren.

Modell der vier Aufgaben eines Trauerprozesses von J. William Worden

Der nordamerikanische Trauerforscher J. William Worden nimmt Abschied von der Vorstellung der vier Trauerphasen, die seines Erachtens eine zu passive Haltung des Trauernden antizipiert. Stattdessen bietet er sein Konzept der Trauer-Aufgaben an. Der Trauernde sollte nach Wordens Vorstellung einen aktiven Zugang zum eigenen Trauerprozess erhalten und dabei seine Wünsche und erreichbaren Ziele klar definieren. Gefühle von Ohnmacht und passives Ausgeliefertsein werden durch Formulierung neuer Gestaltungsmöglichkeiten in Richtung Aktivität gelenkt.[18]

1. Aufgabe: Die Wirklichkeit des Verlustes verstandes- und gefühlsmäßig annehmen.
2. Aufgabe: Die Schmerzen des Trauerns durchleben.
3. Aufgabe: Sich an die Umgebung anpassen, in der der*die Tote fehlt.
4. Aufgabe: Der*dem Toten einen Platz zuweisen und sich dem eigenen Leben zuwenden.

Trauer ist also ein Prozess, sich dem Verlust anzupassen. Da das alte Leben und das alte „Ich“ nie mehr sein werden und eine Rückkehr in die alte Identität nicht stattfinden wird, gilt es, den Trauerprozess individuell zu durchleben, um langsam eine neue authentische Identität zu finden. Erschwerend kann hinzukommen, dass dabei alte Verluste, traumatische Erfah-

18 Zu lesen in seinem Buch „Beratung und Therapie in Trauerfällen“, Hans Huber Verlag 1986.

rungen und Schmerzen wieder auftauchen und mitverarbeitet werden müssen. Schließlich ist es der Wunsch, dass der Trauernde eine neue Beziehung mit dem Verstorbenen und eine neue Beziehung mit der Welt herstellt, wobei er seine eigene innere Welt und sein neues Selbst finden muss.

Die Spirale der Schuld

„Mein Kind zog es vor zu sterben, statt mit mir zu leben.", „Ich konnte unserem Sohn kein Leben bieten, was es wert war, gelebt zu werden.", „Irgendetwas hätte meine Tochter noch von mir gebraucht, um weiterleben zu wollen."

Mit diesen Sätzen beginnen oft die Therapiestunden mit betroffenen Müttern oder Vätern nach dem Suizid ihres Kindes.

Schlimmer noch als diese Annahmen wirkt die Angst vor Stigmatisierung und Missbilligung der Tat durch andere. Befürchtete Vermutungen oder Äußerungen, dass mit ihrem Kind oder somit auch mit ihnen oder in ihrer Familie etwas nicht stimmt, steigern das unermessliche Leid der Hinterbliebenen und schüren das Gefühl, als Mutter und oder Vater versagt zu haben. Sie fühlen sich wertlos, unfähig, schämen sich und fühlen sich schuldig.

Eine Selbsttötung hat für diejenigen, die sie vollziehen vielleicht den Sinn, ihre als unerträglich empfundenen Schmerzen auf Erden zu beenden. Sie sehen nur diesen Ausweg und halten ihren Schritt für weniger schmerzhaft als weiterzuleben. Sie empfinden ihn wohl eher als eine Erlösung, und nicht als eine Distanzierung von ihrer Familie und ihren Freund*innen.

Wer sich selbst tötet, tut dies für sich und nicht, um einem anderen etwas anzutun. Der Suizid ist Wille und Ausweg und die Regel, „Du darfst dich nicht selbst töten" ist in diesem Augenblick außer Kraft gesetzt. Insofern plagen sie auch keine Schuldgefühle, wenn sie es tun, auch wenn sie sich im Vorfeld vielleicht Gedanken darüber gemacht haben, wie es den Hinterbliebenen gehen könnte.

Im Gegensatz zum Erziehungsstil früherer Eltern, werden heute oft keine Normen in religiöser oder moralischer Richtung diesbezüglich auferlegt. In den Diskussionen Pubertierender der 68er-Generation, zu denen auch ich gehörte, wurden alle bestehenden Normen hinterfragt. Die Eltern reagierten meist sehr entschieden und streng aus ihrer religiösen oder moralischen Einstellung heraus. Sie verboten eine Beendigung des Lebens durch eigene Hand. Sie sagten deutlich, dass der Mensch sich nicht entschieden hat, geboren zu werden, also stünde es ihm auch nicht zu, sich zu töten. Das war eine klare Aussage, welche die Einstellung der Jugendlichen in Bezug auf eine Selbsttötung prägte.

Diese klaren Statements werden in heutigen Familien, bei abnehmendem moralischem Druck durch kirchliche Glaubenssätze, seltener an Kinder weitergegeben. Mit dieser Feststellung verbinde ich keine Wertung. Betroffenen Müttern und Vätern nach dem Suizid ihres Kindes sage ich dennoch gerne den Satz: „Dein Kind fühlte sich so frei, dass es sogar die Freiheit hatte, sich für seinen Tod zu entscheiden. Du bist eine Mutter, bei der es leben und sterben durfte."

Dennoch quält alle Hinterbliebene die Sinnfrage, und auf der Suche nach einem Sinn gibt es kein befriedigendes Ende. Es besteht der Drang, sich in Schuld- und Schamgefühle zu flüchten. Die gefühlte Schuld und Scham werden zu einem Sammelsurium von negativen Gefühlen.

Ich vergleiche den Schuldmechanismus, der uns in Trauerprozessen begegnet und sich durch ständig wiederholende Gedanken und Gefühle in Bezug auf tiefe Scham und Schuldthemen zeigt, mit einer sich ständig bewegenden Spirale, wie sie manchmal an Fenstern oder in Gärten an einem Baum hängen. Es gibt sie z. B. in der Form einer nach unten spitz zulaufenden Metallspirale, in der sich eine farbige Kugel befindet. Bei jedem Windhauch oder wenn man das Gewinde kurz anstößt, dreht sich die Spirale und man bekommt den Eindruck, dass sich in ihr die Glaskugel ständig auf und ab bewegt. Es ist jedoch eine optische Täuschung, denn die Kugel verharrt immer an der gleichen Stelle.

Im Vergleich mit der Schuldthematik in Folge eines traumatischen Verlustes entspricht die Masse der Kugel symbolisch der Masse der Schuldvorwürfe, die wir uns nach dem Suizid eines Angehörigen machen. Obwohl sich unsere Schuldgedanken und Gefühle in einer ständigen Bewegung befinden, indem wir darüber grübeln oder darüber sprechen, bleiben sie starr und unverändert

Nach dem Suizid ihres Kindes kann bei den betroffenen Eltern durch eine Bemerkung oder schon durch einen Blick eines anderen oder durch die eigenen kreisenden Gedanken diese innere Spirale der Schuld in Gang gesetzt werden.

Einige typische Gedankenspiralen von betroffenen Eltern können z. B. sein:

> *Wie kann es nur sein? Mein Kind lehnte dieses Leben ab und tat diesem geliebten Körper, den ich neun Monate in mir getragen, nach der Geburt gestreichelt, geherzt, gepflegt, gestillt, gefüttert und voller Liebe versorgt habe, das Schlimmste an, was man sich überhaupt vorstellen kann. Ich bin eine schlechte Mutter.*
> *Gar nichts auf dieser Welt, noch nicht einmal ich als Mutter war es wert, mein Kind von diesem Schritt abzuhalten. Es gibt kein Zurück. Es bleibt dieses Gefühl, nur Fehler gemacht zu haben, für die es keine Wiedergutmachung geben wird.*
> *Ich weiß nicht, was ich tun soll. Ich will mich verstecken. Früher hätte man sich gegeißelt oder um Ablass gebeten. Wohin sollte ich gehen mit meinen Schuldgefühlen?*
> *Ich bin so ein schlechter Mensch. Meine Liebe tötet alle Menschen, die ich liebe. Am besten liebe ich gar keinen Menschen*

mehr, damit es nicht noch einmal passiert. Ich will mich auch nicht mehr freuen, weil immer, wenn es mir gut geht, passiert wieder etwas Schreckliches. Will mich Gott strafen?
Keinem Menschen in meiner Umgebung kann ich mich mit meinen Gefühlen zumuten. Ich glaube, ich habe eine Art Suizidvirus in meiner Familie. Vielleicht befällt das Virus auch meine anderen Kinder. Ich ertrage es nicht, wenn Freunde oder Nachbarn als Reaktion auf den Verlust meines Kindes Abstand zu mir nehmen. Ich bin doch nicht aussätzig, nur weil mein Sohn sich das Leben genommen hat.

Auch ich hatte negative Gedankenspiralen und konnte zu Beginn meiner Trauer nicht ahnen, dass später einmal andere Menschen gerade mit mir über ihre Erlebnisse und Gefühle nach dem Suizid oder Tod ihrer Angehörigen sprechen wollten. Dass sie es als hilfreich erlebten, wenn ich sie in ihren Gefühlen erreichte und mich offen über dieses Tabuthema austauschte. Sie erkannten rasch, dass ich nicht nur über etwas sprach, sondern es selbst erlebt und durchlitten hatte.

In den Behandlungen konnte ich aber auch feststellen, wie suizidale Patient*innen, denen ich von der Selbsttötung meiner Tochter erzählte, zunächst sehr erstaunt waren über mein Schicksal zu erfahren, um dann im Weiteren sehr viel offener und gelöster über ihre eigenen Suizid-Fantasien mit mir zu reden. Ihre Suizidideen mussten nicht wie eine versteckte Leiche im „tiefen Keller ihrer Seele“ verborgen bleiben, sondern durften ans Tageslicht. Das schier Unaussprechliche durfte besprochen werden.

Erleichtert konnte ich später erfahren, dass durch mein offenes Sprechen über Hannas Suizid niemals eine Kettenreaktion weiterer Selbsttötungen ausgelöst wurde. Im Gegenteil durfte ich auf Grund meiner eigenen Erfahrung mit meinem belastenden Lebensgepäck herausfinden, wie hilfreich ich für andere Menschen werden konnte und wie erleichtert Menschen sich fühlten, über Suizidgedanken oder Suizid angstfrei und offen reden zu können. Ich erlebte zunehmend ein neues Selbstverständnis und eine größere Selbstsicherheit. Endlich verabschiedeten sich meine Schuld- und Schamgefühle.

Ich musste aber leider auch entdecken, dass es in den Familien der Hinterbliebenen nach einem Suizid teils offene oder auch teils untergründige, unbewusste Schuldzuweisungen gibt. Diese Schuldzuweisung zum Beispiel an Mütter, die den Suizid des Vaters oder eines Kindes nicht verhindern konnten, tauchen häufig erst später auf. Oft erst nach Jahren der Trauer beginnen die Mütter ihr Leben in der Berufswelt wieder aufzugreifen. Gewachsen an der Trauer spüren sie ungeahnte, neue Energien in sich aufkommen und wollen ihr Leben wieder kraftvoll in die Hand nehmen. Manche Menschen können sich in ihrer künstlerischen Betätigung als Sänger, Maler oder Bildhauer ausdrücken und neue, ungeahnte Kräfte entfalten. Die eigene Freude darüber, eine harte Periode überlebt zu haben und festzustellen, dass man selber nicht gestorben ist, sondern sein Leben noch bewusster als ein Geschenk erleben kann, führt zu einer solchen kraftvollen Entfaltung.

Diese Aufbrüche werden oft von anderen Familienangehörigen, die einen für schuldig am Suizid eines geliebten Menschen halten, schwer ertragen. Die Gesellschaft ist einfach erstaunt, wenn man die Trauerkrise nicht nur überlebt, sich nicht in Sack und Asche kleidet, sondern sich in seiner neuen Lebendigkeit ausdrücken und zeigen will. Vielleicht wird es als ein Verrat an dem betrauerten Menschen erlebt?

In diesem Zusammenhang können Angehörige von Suizidanten froh sein, dass die Ausnahmebräuche, die sich bis ins 18. Jahrhundert per Gesetz in Europa hielten, mit der Aufklärung langsam verschwanden, obgleich sie in manchen Köpfen bis heute erhalten sind. Die Suizidanten und ihre Angehörigen werden nicht mehr – wie im Mittelalter geschehen – geächtet. Auch müssen sie nicht mehr miterleben, dass die Körper der Verstorbenen nach dem Suizid auf einer Kuhhaut durchs Dorf gezogen oder gepfählt werden, um durch Abwehrriten dem bösartigen Wiedergänger entgegenzutreten. Kirchlicher Einfluss und allerlei Aberglaube darüber, was ein Suizidant nach seinem Tod noch Schlimmes anrichten könne, führten Jahrhunderte lang zu abartigen Begräbnisritualen und unfassbaren Spukgeschichten.[19] Zu wünschen wäre, dass Suizid irgendwann einmal genauso vorurteilsfrei wie ein natürlicher Tod betrachtet werden kann.

Neben all diesen Schuldthemen geht es auch um Schuldzuweisung durch die Betroffenen. Die Schuldfrage oder die Suche nach dem Schuldigen konnte ich immer wieder in Trauergruppen erfahren. Angehörige, deren Kinder missbraucht oder nach einem Überfall behindert waren und sich deshalb das Leben nahmen, fragten: „Warum habe ich nicht nach dem Täter gesucht?“ Einerseits erschienen ihnen Nachforschungen sinnlos, denn wem sollte es nutzen? Das Kind war tot. Andererseits hätte es ihre Schuldgefühle gemindert, wenn sie einen Schuldigen gefunden hätten.

Ich wünsche allen Betroffenen, irgendwann zu erkennen, dass all diese Fragerei und Schuldzuweisungen nur dazu dienen, die Gefühle in Bezug auf die Trauer und den damit verbundenen Verlustschmerz nicht spüren zu müssen. Es ist einfach zu schmerzlich und zu hart, wenn die Gefühle so wehtun. Solange dann über Schuld oder kausale Zusammenhänge nachgedacht wird, muss man sich nicht den aufkommenden, schmerzlichen Gefühlen aussetzen. Außerdem dient diese

19 Vgl. Willemsen, R.: Der Selbstmord, KIWI, 2002, S. 74.

Schuldspirale einem wichtigen Zweck, auch wenn es vielleicht irrational klingen mag: Schuld hilft die Welt kalkulierbarer zu machen, Dinge sollen kontrollierbar bleiben, denn die Zufälligkeit eines Suizides ist grausam. Niemand möchte, dass sein Schicksal ein Zufall ist, bei dem man seine Hilflosigkeit und Ohnmacht erleben und annehmen muss.

Die Erfahrung zeigt, dass die unaufhörliche Beschäftigung mit dem Thema „Schuld“ erst dann nachlässt, wenn man sich die eigene Hilflosigkeit zugesteht. Dann kann ich mich offener und weicher im Umgang mit mir selbst, aber auch im Kontakt mit anderen fühlen. Verhärtung und Verbitterung können sich lösen. Ich kann mir Fehler und Versäumnisse ohne Selbstanklage zugestehen. Ich kann mein verstorbenes Kind um Verzeihung und Vergebung bitten, auch wenn es mir nicht mehr verzeihen kann. Ich muss im Leben nicht verhärten und mich zurückziehen, denn ich kann mir und anderen vergeben und verzeihen.

Ich bleibe locker, da ich um meine Begrenztheit als Frau und Mutter weiß, denn selbst gute Mütter und tolle Väter sind keine Garantie gegen den Suizid ihres Kindes. Die Unfehlbarkeit eines Menschen gibt es offensichtlich nicht. Ich muss mir meine Fehler und Versäumnisse zugestehen und akzeptieren, dass ich mein Wissen von heute nicht in der Vergangenheit haben konnte.

Ich respektiere meine Person und mein Schicksal und respektiere den anderen und die andere mit seinem und ihrem Schicksal. Schließlich erfahren alle Menschen, dass es trotz aller Bemühungen viele unvorhersehbare Faktoren gibt, die das Leben beeinflussen, ohne dass man sie mitbestimmen und gar verhindern könnte. Dann kann Ruhe in das Kreisen um Schuld und Versagen einkehren.

Die Entscheidung zum Leben und zum Sterben wird schließlich von jedem Menschen allein getroffen, auch wenn es sich um ein Kind handelt. Mein Kind ist tot und ich lebe weiter. Manchmal gelingt es uns in einer liebevollen Schwingung oder im Gebet mit den Verstorbenen verbunden zu bleiben. Es gibt dafür keine Gewissheit und dennoch lässt dieser Gedanke Ängste vor Tod, Trennung und Verlust mehr und mehr schwinden.

Schmerz und Resilienz

Diese beiden Worte tauchen immer wieder und nicht nur beim Umgang mit Suizidalen und Trauernden nach Suizid auf:

Einen sehr berührenden Text überreichte mir ein guter Freund, der norwegische Palliativmediziner Stein Husebø, der die Rede an Hannas Trauerfeier gehalten hatte: „Leben und Tod, Trauer und Freude, Krankheit und Gesundheit, Liebe und Einsamkeit, sind nur einige Worte, die eine schmale Balance zwischen Leid und Wohlbefinden beschreiben. Schmerz ist das, was ein Mensch als solchen empfindet. ..."

Ein Mensch, der Trauer empfindet, ist nicht in der Lage zu beurteilen, ob seine Schmerzen physischer oder psychischer Natur sind. Wenn man beispielsweise eine Frau während der Geburt fragt, ob sie ein weiteres Kind haben möchte, antwortet sie in der Regel mit Nein, weil der Schmerz ihr unerträglich erscheint. Hält sie ihr Neugeborenes dann aber in den Armen und fragt man erneut, antworten die meisten Mütter mit Ja. Der Schmerz erscheint ihr jetzt erträglich.

Ebenso ergeht es vielen Betroffenen nach einem Suizid ihres Kindes. Sie schreien so laut, als ob sie sterben müssen. Sie denken, diesen Schmerz nicht aushalten zu können. Nach einigen Jahren der Trauer wünschen sie sich wieder ein Kind oder erfüllen ihre Lebensaufgaben, denn offensichtlich ertragen sie ihren Schmerz.

Manche Künstler*innen verarbeiten das Thema Schmerz in ihren Arbeiten. Oft leiden sie unter einer Art Weltschmerz und neigen dazu, sich tiefer in ihre verwundete Seele einzugraben als andere. Sie leben geradezu von ihrer Verwundbarkeit und erschaffen dem Schmerz einen Ausdruck. Schmerz wird dann zum Antrieb für Malerei und für die Schaffung von Skulpturen. Kunstwerke – Bilder oder Plastiken – sind wichtig, denn sie können uns besonders stark in Trauerphasen berühren. Das Gemälde „Der Schrei“ von Edvard Munch und die Darstellung von Müttern mit ihren toten Kindern der Malerin Käthe Kollwitz berühren andere Trauernde zutiefst. Der Schmerz der Malerin verbindet uns mit dem eigenen Schmerz. So entsteht aus einem Schmerz heraus, den jemand anderer erlitten hat, etwas, das mir und anderen bei der Schmerzverarbeitung helfen kann.

Auch Musik kann uns durch tiefe Trauertäler begleiten und dadurch helfen, den Schmerz zu ertragen. Zum Beispiel vermitteln Lieder, Choräle oder Konzerte von Johann Sebastian Bach nicht nur bei großer Trauer Halt und Kraft. Getragen von seinem tiefen Glauben verarbeitete Bach den Schmerz über seine gestorbenen Kinder und Ehefrau so berührend, dass man sich beim Hören seiner Werke im eigenen Schmerz verstanden fühlt und Hoffnung aus seiner Musik schöpft.

Ich frage mich angesichts der vielen Schicksalsschläge, die beispielsweise J. S. Bach erlitten hat, oder angesichts des Leidens der Menschen in Kriegszeiten: Wie viel Schmerz kann man ertragen, und wo wird die Grenze des Erträglichen erreicht? In meiner Praxis haben mir verzweifelte, traumatisierte Patienten diese beiden Fragen häufig gestellt. Wenn dann die Therapie positiv verlief, erfuhren sie die Antworten selbst, indem sie ihre eigene Fähigkeit zur Resilienz in sich erlebten.

Mit dieser bemerkenswerten Resilienz, die in jedem Menschen steckt, gelingt es, massiven Belastungen zu trotzen, Herausforderungen zu meistern und sogar an ihnen zu wachsen. Oft wird Resilienz mit Widerstandsfähigkeit gleichgesetzt und es wird damit eine gewisse Härte assoziiert. Meiner Meinung nach ist Resilienz eher mit Durchlässigkeit verknüpft. Die Ereignisse prallen nicht an Personen mit resilienten Fähigkeiten ab, sondern diese Menschen besitzen eine beneidenswerte Durchlässigkeit. Den traumatischen Ereignissen wird von ihnen keine Kraft entgegengesetzt, sondern sie werden aufgenommen, in kürzerer Zeit psychophysisch verarbeitet und offensichtlich leichter wieder abgegeben. Ich vergleiche diese Fähigkeit eher mit einem Aikidokämpfer, der dem Angriff eines Gegners nicht die eigene Körperkraft entgegensetzt und diesen abwehrt, sondern die ankommende Kraft mit seinem gesamten Körper in einer geschmeidigen Bewegung aufnimmt, weiterleitet und abfließen lässt. Die Wendigkeit und Geschmeidigkeit sind wichtiger als die Widerstandskraft.

Nicht nur meine Überzeugung ist es, dass resiliente Fähigkeiten auf einem unerschütterlichen Glauben an die Kraft der Liebe beruhen und durch diesen weiterwachsen. Diese Resilienz lässt uns auch nach erschütterndsten Ereignissen im Leben offensichtlich nicht im Stich. Sie arbeitet in uns trotz aller Verzweiflung und ihre zentralen Faktoren, genannt die sieben Schlüssel der Resilienz, tragen dazu bei, dass verloren geglaubtes Selbstvertrauen wieder gewonnen und sogar gestärkt werden kann.

Die sieben Schlüssel zur Resilienz:

1. Akzeptanz
2. Optimismus
3. Selbstwirksamkeit
4. Eigenverantwortung
5. Netzwerkorientierung
6. Lösungsorientierung
7. Zukunftsorientierung

Ein Mensch mit starker Resilienz erweist sich – um dies mit Adjektiven zu beschreiben – als lösungsorientiert, beziehungsfähig, offen, interessiert, selbstmotiviert, entschlossen, zielstrebig, sinnorientiert, positiv denkend, selbstachtsam, gelassen und in sich ruhend.

Heute kann ich mich entspannt zurücklehnen und erkennen, wie meine resilienten Kräfte mich mehrfach durch Lebenskrisen hindurch in positive Richtungen führten. Die großen Wellen, die gegen mein Lebensboot prallten, waren heftig und dennoch bin ich nie gekentert. Die Wogen sind inzwischen geglättet und ich fahre durch ruhigere Gewässer.

Dank meiner Resilienz konnte ich nicht nur überleben, sondern ein inneres Wachstum erreichen, das mir ermöglicht, mein Leben wertzuschätzen, mich innerlich reich und beschenkt zu fühlen. Erlebter Schmerz kann also resiliente Kräfte im weiteren Leben fördern.

Auch wenn man in Trauerphasen natürlich nicht immer gezielt nach der eigenen Resilienz sucht, ist es wichtig, ein festes Vertrauen in die eigenen resilienten Fähigkeiten zu behalten. Wenn mich Menschen fragen nach dem Ursprung meiner Resilienz oder warum ich trotz aller Erschütterungen in meinem Leben immer noch so lebensfroh und voller Kreativität stecke, erzähle ich ihnen von meinem unerschütterlichen Glauben an eine allumfassende Liebe, die mich trägt und in Verbindung hält mit Lebenden und den Seelen der Verstorbenen. Dieser Glaube wuchs und lebt durch eine starke, von Kindheit an erfahrene Verbundenheit mit der Natur und mit Menschen, die mich lieben und fördern.

Was ist mit Menschen, die glauben, dass es ihnen an resilienten Fähigkeiten mangelt oder die gerne resiliente Fähigkeiten fördern möchten?

Ich erlebe immer wieder, dass Patient*innen sagen, dass sie keine resilienten Fähigkeiten hätten. Es ist so, wie Menschen oft sagen, sie könnten nicht singen und malen. Wenn ich aber tiefer einsteige in das Thema, etwas Mut mache und ermuntere, auf die Suche nach diesen Fähigkeiten zu gehen, erlebe ich häufig ein Staunen über das bereits Vorhandene.

Hier ein paar Anregungen zum Ausbau resilienter Fähigkeiten:

Schauen Sie sich die oben genannten Adjektive für gute Resilienz an. Sie werden bestimmt eines herausfinden, welches Sie schon bei sich als positiv verbuchen können und welches Sie vielleicht noch verstärken möchten. Dann gehen Sie auf die Suche nach Situationen, in denen Sie diese gute Fähigkeit zeigten oder auch positive Reaktionen von anderen bereits erleben konnten. Wenn Sie bei diesem Erinnern und Wiederbeleben solcher Ereignisse in Ihrem Leben auch noch positive Emotionen zulassen – Lächeln oder Freude –, dann führt dies bereits zu einem Ausbau Ihrer Resilienz.

Hier eine weitere, einfache Übung aus meinem Repertoire. Ich nenne sie:

Das Resilienz ABC

Setzen Sie sich entspannt an einen gemütlichen Ort. Dann setzen Sie für jeden Buchstaben des Alphabetes eine Fähigkeit ein, die Sie bereits von sich kennen und lieben. Zum Beispiel A für Autofahren oder B wie Blumenkränze binden oder C wie Chorsingen. Sie werden sehen, bis zum Buchstaben Z werden Sie so viele Fähigkeiten an sich entdecken, die Ihnen ins Bewusstsein kommen, dass Sie lächelnd und zufrieden einige aufgreifen und in den kommenden Wochen ausbauen werden.

Allein das Vertrauen in meine resilienten Fähigkeiten und das Wissen, dass diese wachsen können, setzt schon Kräfte frei, auch wenn wir gar nichts tun. Wu Wei sagen die Chinesen,

Tun im Nichtstun. Man muss nicht immer handeln und aktiv sein. So kann in einer Meditation allein der Satz „Es atmet mich“ wahre Wunder bewirken.

Hier zum Abschluss die „**Baumübung**“, die bildhaft verdeutlicht und körperlich nachvollziehbar macht, wie Resilienz wachsen kann, wenn wir in der Natur Kraftquellen für unsere Stabilität und Entwicklung entdecken. Das kann eine schöne Landschaft sein, ein Felsen, ein Baum oder ein Tier. Über die Fähigkeit der menschlichen Vorstellungskraft, der Imagination können wir positive Energien und Fähigkeiten aus der Natur in uns aufnehmen und mit der Entwicklung innerer Bilder in Körper und Seele wirksam werden lassen. Hierzu ist es gut zu wissen, an was es uns gerade mangelt. An Ruhe, an Selbstvertrauen, an Körperkraft, an Mut oder ganz allgemein an Stabilität. Will ich mehr Erdverbundenheit, oder suche ich mehr nach dem Licht.

Diese Baumübung wird sehr unterschiedlich ausgeführt. Beispiele finden Sie auch im Internet. Sie wird auch als Baummeditation angeboten. Meist wird diese Übung zur Stabilisierung in der Traumatherapie als Imaginationsübung (nach Marie Luise Reddemann) angewendet.

Ich werde die Übung als Körperübung beschreiben, wie ich sie von meiner Ausbilderin für Konzentrative Bewegungstherapie vor 33 Jahren kennengelernt habe:

Suchen Sie sich einen ruhigen Ort, einen Platz, auf dem Sie gut stehen können.

Stellen Sie sich etwas breitbeinig auf den Boden, die Beine etwas auseinander und die Knie nicht blockiert. Die Wirbelsäule aufrecht, aber nicht angespannt. Die Arme hängen zunächst locker an der Seite. Schließen Sie ihre Augen, wenn Sie sich sicher fühlen und sich dadurch besser konzentrieren können.

Versuchen Sie, Ihre Gedanken nun auf Ihren Körper zu richten. Eindrücke von außen (Stimmen, Lärm) oder Gedanken in Ihrem Kopf dürfen kommen, aber auch wieder gehen. Konzentrieren Sie sich auf das ruhige Ein- und Ausatmen. Lassen Sie Ihren Atem fließen.

Stellen Sie sich nun vor ihrem inneren Auge einen Baum vor, der sich mit all seiner natürlichen Schönheit vor Ihnen entfaltet. Für die nächsten Minuten verbinden Sie sich mit diesem Bild, indem Sie selbst ein Baum mit Wurzeln, einem Stamm und vielen Ästen mit grünen Blättern werden. Wenden Sie Ihre Aufmerksamkeit zunächst zur Basis (Füße). Stellen Sie sich vor, wie eine positive Energie aus der Erde durch viele, teils größere, teils kleinere Wurzeln fließt und Ihren Baum nähren will. Die Energie steigt dann durch Ihren Stamm (Beine, Rumpf, Hals, Arme, Hände, Fingerspitzen). Sie nährt nicht nur die Baumrinde, die einen wichtigen Schutz des Baumes darstellt, sondern sie will in jede einzelne Faser, in jeden einzelnen Ast, bis in jedes Blatt dringen. Wenn der Energiefluss von unten die Baumkrone erreichen will, breiten Sie langsam Ihre Arme aus und führen Sie die geöffneten Handflächen nach oben. Spüren Sie dabei den Energiefluss bis in jede Fingerspitze. Nun stellen Sie sich vor, dass eine wunderbare, allumfassende Energie aus dem Himmel zur Verfügung steht und mit ihren Ästen und Blättern (Händen und Fingern) ebenfalls aufgenommen werden kann. Durch leichtes Schwingen der Arme können Sie sich dieser Energie hingeben, indem Sie das Wiegen einer Baumkrone in einem leichten, frischen Wind nachahmen. Alle Finger und die Hände dürfen dabei in Bewegung kommen, als ob die Blätter voller Freude tanzen.

Durch die nächste Bewegung soll die aufgenommene Energie des Himmels und die Kraft der Erde miteinander verbunden werden. Hierzu nehmen Sie die Hände wie zwei Schaufeln, füllen sie mit Energie und verschließen den Inhalt in Ihren Händen, als ob Sie eine wertvolle Kugel schützen wollen. Lassen Sie die gefüllten Hände vor dem Zentrum Ihres Baumes in Höhe ihres Bauchnabels verweilen. Dann öffnen Sie langsam die Hände zur Bauchseite, so als ob Sie die kostbare Energie in Ihren Bauch, bzw. ins Zentrum des Baumes abgeben.

Nun beugen Sie sich langsam mit dem Oberkörper nach vorne, gehen in eine leichte Hocke, um dann mit Ihren Händen zusätzliche Energie aus der Erde aufzunehmen. Danach richten Sie sich langsam auf, um die Erdenergie ebenfalls am Bauchnabel einfließen zu lassen. Verweilen Sie in diesem Gefühl der guten Verbindung der positiven Energien, indem Sie beide Handflächen auf Ihren Bauch ruhen lassen. Erst wenn Sie das Gefühl haben, dass Ihr Baum in sich ruht, Sie alle Energie verinnerlicht haben, strecken Sie beide Arme mit offenen Händen in Brusthöhe nach vorne aus, als ob Sie bereit sind für ein Geben und Nehmen mit der Außenwelt. Öffnen Sie dann langsam die Augen, nehmen Sie den Raum wieder wahr. Beginnen Sie, sich in diesem Raum langsam zu bewegen. Streicheln oder beklopfen Sie sanft Ihren Körper, als ob Sie ihn begrüßen.

Das Wissen, dass alle Bäume miteinander verbunden sind, dass gute Energien fließen, auch wenn man sie nicht sehen kann, dass trotz abgeschlagener Wurzeln oder schlechter Versorgung sich Bäume erholen und wieder Früchte tragen können, es sei denn man vernichtet sie, kann auch auf uns Menschen übertragen werden. Selbst wenn unsere Wurzeln schwach sind oder wir sie teilweise verlieren, unsere Seele erschüttert wird, können wir durch ein Gefühl von Verbundenheit und Liebe immer wieder Wachstum erfahren.

Weitere hilfreiche Hinweise zur Förderung resilienter Fähigkeiten finden Sie in diesem Teil im Kapitel „Was hilft Hinterbliebenen …“, denn sie gelten nicht nur für Trauernde nach Suizid.

Lebendige Friedhöfe

Friedhöfe gelten als wichtige Orte für Trauer und unser stilles Gedenken an die Toten. Für manche Menschen ist es eine Anhäufung von Gräbern, die sie meiden, da sie nichts Positives damit verbindet. Schon beim Betreten eines Friedhofes, empfängt die Besucher ein Schilderwald von Verboten: Bitte Ruhe! Bitte vom Fahrrad absteigen! Hunde an der Leine führen! Der Friedhof ist kein Spielplatz!

Was tiefer im Kopf beim Betreten des Geländes arbeitet, können Sätze sein, mit denen man früher Kindern Angst machte: „Störe niemals die Ruhe der Toten." Oder vielleicht dieser: „Wer den Großvater nicht ehrt, dem wächst die Hand zu Grabe heraus." Oder: „Wer Fußball auf dem Friedhof spielt, muss damit rechnen, dass in der Nacht die Totenköpfe rollen, weil die Toten mitspielen wollen."

Ich möchte ein positives Plädoyer für diese Friedhöfe halten, denn ich erachte sie als wertvolle Orte, die hilfreich und tröstend für Trauernde sein können. Inzwischen, nach dreißig Jahren Grabpflege, muss ich schmunzeln über all diese Verbote und Sprüche, denn es gibt auch Heiteres bei einem Besuch am Grab zu erleben. Immer wieder trifft man Menschen, die trotz ihrer Trauer andere Besucher mit ihrer Offenheit in einem kurzen Kontakt überraschen. Ein Friedhofsgang muss keineswegs mit Schwere oder mit Geboten oder Verboten verknüpft sein. Stattdessen kann man sich gerade dort auf unvorhersehbare Begegnungen einstellen oder sich von wunderbaren Wolken- und Lichtspielen am Himmel und in den oft alten Bäumen überraschen lassen.

Kleine Begebenheiten an Gräbern können als Zeichen der Zuwendung und Verbundenheit so wichtig für die Hinterbliebenen sein. Vielleicht ein kurzes Gespräch über das Geschehene, ein Lächeln der Ermunterung, das wortlose Angebot eines Taschentuches zum Trocknen der Tränen, das stumme Zupacken beim Tragen einer schweren Gießkanne. Viele Menschen lernen sich in den vielen Jahren der Pflege ihres Grabes näher kennen. Manchmal entdecken sie Gemeinsamkeiten oder finden Anknüpfungspunkte.

Man sollte lächeln über den allseits bekannten Wettstreit, wer das schönste Grab hat oder wer an Allerheiligen das teuerste Gesteck hinstellt, oder ob immer eine Kerze brennt.

Als tröstlich empfinden es Trauernde – ganz besonders in der ersten Zeit nach dem Verlust ihrer Liebsten –, wenn jemand Vertrautes sie zum Friedhof begleitet.

Wenn sie das Grab allein aufsuchen, ist es ein ruhiger Platz, der Zwiegespräche mit den Verstorbenen über Themen zwischen Himmel und Erde ermöglicht. Es hat auch etwas Tröstliches angesichts der vielen Gräber und der vielen Grabbesucher zu erleben, nicht gänzlich allein mit dem Schicksal, dem Verlust eines Menschen zu sein. Auf dem Friedhof können die Toten in Frieden ruhen, wir Lebenden den Toten gedenken und anderen Trauernden begegnen. Leben und Tod sind eben eng miteinander verbunden.

Auf diesen Friedhöfen schlummern alte Erinnerungen an unerwartete Situationen bei Beisetzungen oder Grabbesuchen.

Als zum Beispiel ein Leichenzug sich in Richtung ausgehobenes Grab in Gang setzt und alle sich nur schwer auf den Beinen halten können, fragt ein Fünfjähriger unüberhörbar seine Mutter: „Du Mama, ist da der Papa drin? Die Ikea-Kiste ist doch für den Papa viel zu klein.“ Ein Schmunzeln geht unwillkürlich durch die Trauergesellschaft.

Ein paar Meter weiter zupft die Vierjährige ihre weinende Mutter am Ärmel und sagt: „Mama, ich muss mal Pipi!“ Beide scheren am nächsten Gebüsch aus und kehren erleichtert, aber etwas peinlich berührt zum Trauerzug zurück. Trotz allen Entsetzens liegt in diesen Augenblicken diese unfassbare Lebensnormalität, die uns Kinder unverhohlen vermitteln.

Im Übrigen gehen Kinder mit einem Besuch am Grab völlig anders um als Erwachsene. Statt bei der Bepflanzung mitzuhelfen und Ruhe zu halten, tollen sie mit ihren Freund*innen ausgelassen zwischen den Gräbern und machen Purzelbäume auf dem Rasen. Es ist keine Missachtung der Toten, sondern pure kindliche Lebensfreude, die den Erwachsenen trotz aller Trauer richtig gut tun kann.

Hier einige weiter Gesprächsfetzen, die ich mit Kindern am Grab erleben durfte.

Ein Mädchen putzt ganz geschäftig den Grabstein ab und erklärt empört: „So ein blöder Vogel, der kackt doch immer an die gleiche Stelle!“ Oder sie sagt voller Stolz und reckt dabei ihren Hals in die Höhe: „Schau, Mama, die Rose, die ich gepflanzt habe, wächst am meisten von allen Blumen.“ Dann will sie eine Kerze anzünden, damit der Papa nicht friert und es nicht so dunkel für ihn ist. Einmal legt sie ein Buch an die kleine leuchtende Grablampe und meint ganz selbstverständlich: „Jetzt kann der Papa lesen, wenn es ihm langweilig ist.“ Am Ende des Besuches streichelt das Kind liebevoll das Ying- und Yang-Symbol auf dem Grabstein und meint: „Die sehen aus wie zwei verliebte Fische.“

Auch auf unerwartete Fragen von Kindern muss man sich auf dem Friedhof einstellen. Wie tief liegt die Mama da unter der Erde? Sind da auch die Knochen von Papa? Was ist eine Urne? Kommen da eigentlich auch die Würmer in den Sarg? Sind die Toten auch traurig, dass sie nicht mehr bei uns sind?

Es ist immer wieder berührend und ein Zeichen für Verbundenheit, wenn man unerwartet auf dem Grabstein eine einzelne oder zwei zusammengebundene Rosen vorfindet.

Auch wenn ein Blumenstrauß ganz unverhofft in der grünen Grabvase steckt oder ein schöner Stein auf den Grabstein gelegt wurde. Diese Gesten drückten Verbundenheit mit den Verstorbenen aus und man fühlt sich nicht allein in seiner Trauer.

Wie wichtig Friedhöfe sind, diese Orte des Gedenkens, mit der Möglichkeit, Blumen oder kleine Steine am Grab abzulegen und einen Dialog mit den Verstorbenen, aber auch mit anderen Trauernden zu führen, konnte man in einem Fernsehbericht über die Flutkatastrophe an der Ahr erkennen. Im Film wurde ein völlig von den Wassermassen verwüsteter, im Schlamm erstickter Friedhof gezeigt und betroffene Menschen, die ihre Trauer und ihr Entsetzen über diesen Anblick aussprachen. Sie hatten nicht nur ihre Häuser verloren, sondern auch ihre Gedenkstätten waren zerstört.

Hilfreiche Rituale

In der Zeit unserer Trauer können Rituale sehr hilfreich sein, um unsere Wünsche und Gefühle, die wir oft nur schwerlich in Worte fassen können, in einem symbolhaften Ablauf zu bündeln, um eine Verbindung zwischen unserer Erde, auf der wir zurückbleiben, und unseren Verstorbenen herzustellen. Diese Rituale hinterlassen meist in den Beteiligten ein Gefühl der Erleichterung. Das mag auch daran liegen, dass sie uns Trauernde, die wir uns ohnmächtig und ausgeliefert angesichts des Todes fühlen, eine gewisse Handlungsfähigkeit geben, die uns aus der Starre und Sprachlosigkeit führt. Jedes Ritual hat einen Anfang, eine Mitte, ein Ende und verfolgt ein klares Ziel. Sie haben eine heilsame Wirkung, da sie Inhalt, Schutz vor überwältigenden Gefühlen und Sicherheit geben.

Bei religiösen und insbesondere bei christlichen Ritualen geht es nicht allein um die Frage, wie geht es mir und was hilft mir als Hinterbliebenen, sondern es geht um die Seele der Verstorbenen. Wenn ich eine heilige Messe für Verstorbene besuche, ein Sechswochenamt nach einer Beerdigung bestelle, wenn ich dabei mit anderen gemeinsam bete, dass die Seele eines Menschen nach seinem Suizid die Barmherzigkeit eines liebenden Gottes erfahren möge und durch den Glauben den Weg zu Gott finden möge, vollziehe ich ein Ritual für einen Toten. Letztendlich bringen uns diese Handlungen nicht nur in Kontakt mit anderen Gläubigen, sondern sie können die Hinterbliebenen aus einer Starre oder dem Gefühl der Ohnmacht befreien.

Auch das katholische Ritual, ein Foto mit einem Bibeltext täglich mit Weihwasser zu besprengen, dabei eine Kerze anzuzünden und zu beten, verbindet uns mit den Verstorbenen.

Heutzutage werden ursprünglich religiöse zunehmend mit spirituellen Ritualen verknüpft. Wenn ich mir in der Wohnung einen Platz für ein Foto meines Verstorbenen wähle und diesen mit einer Kerze oder einer Blume schmücke, dann muss dies nicht unbedingt ein kleiner Altar mit einem Kreuz oder einem Marienbild sein, an welchem ich ein tägliches Gebet spreche. Allein das zärtliche Streicheln über das Foto, ein kurzer Satz zu meinem verstorbenen Kind, ein stilles Gedenken kann eine heilsame Verbindung herstellen. Viele verzieren diese Orte mit kleinen Engeln, einer Buddha-Statue oder mit einem Lieblingsgegenstand ihres Verstorbenen. Auch wenn diese Ausstattungen an rituellen Orten auf andere Menschen einen schockierenden Eindruck machen können, sollte man sich mit Bewertungen zurückhalten. Doktrinen und Besserwisserei sind nicht angebracht bei dem recht unterschiedlichen, sehr individuellen Umgang mit Ritualen.

Es ist nicht verwunderlich, dass für das Thema „Rituale" in Buchhandlungen umfangreiches Buchmaterial unter den Fachbereichen Religion, Esoterik und Spiritualität zu finden ist. Hier möchte ich noch einige Rituale empfehlen, die ich als sinnvoll für mich und meine Patient*innen erlebt habe.

Bei einem Abschieds- oder Trennungsritual suchen sich die Hinterbliebenen einen Platz, an dem sie den Verstorbenen symbolisch verabschieden – einen Kirschbaum im Garten, eine Bank auf einer Lichtung im Wald, ein Platz am Meer, an dem man früher gemeinsame Zeit verbracht hat. Dort hinterlassen sie ein Erinnerungsstück. Sie vergraben es oder versenken es im Wasser. Beliebt sind kleine Papier- oder Holzschiffchen, eventuell auch nur eine Feder, die sie an einem Bach oder Flussufer ins Wasser setzen und wegfahren lassen. Vor dem Wassergang können sie dieses Gefährt symbolisch mit guten Wünschen oder wichtigen Mitteilungen füllen.

Eine andere Form des Abschiedsrituals kann so aussehen: Jeder der Beteiligten sammelt etwas, was er*sie in der Natur findet: ein Stück Holz, einen Stein oder einen Tannenzapfen. Diese werden z. B. in eine Papierschachtel gelegt. Dabei sagt jede*r zum ausgesuchten Objekt einen Satz, was er/sie dem/der Verstorbenen wünscht. Die Schachtel wird verschlossen und alle sprechen einen Text über den Ort an dem der/die Tote in unseren Gedanken und unseren Fantasien sein mag: in den Wolken am Himmel, in den Blättern der Bäume, in dem Rauschen des Windes und im Licht der Sonnenstrahlen. Nach einem kleinen Gebet oder einem gemeinsamen Lied wird die Schachtel unter einen Baum gelegt oder an einer Mauer vergraben. Danach ist es heilsam, wenn sich die Beteiligten in die Arme nehmen oder einen Kreis bilden und sich an den Händen halten.

Es gibt auch die Möglichkeit, an einem Gasluftballon einen Zettel zu hängen mit einer wichtigen Mitteilung, um ihn in die Wolken steigen zu lassen. Besonders bei Erinnerungsfeiern am Todestag der Verstorbenen sind diese beschrifteten Luftballons sehr beliebt vor allem bei Kindern und Jugendlichen, die trauern. Die aufsteigenden, bunten Ballons kann man lange mit den Blicken verfolgen und sie vermitteln eine Leichtigkeit, trotz schwerer Thematik. Das langsame Aufwärtsschweben belebt in uns nach wie vor den Glauben, dass die Seelen der geliebten Verstorbenen in den Himmel aufsteigen. Runde Papierblätter mit Wünschen an unsere Verstorbenen werden am Luftballon befestigt und in den Himmel abgegeben.

Manche gehen am Todestag ihres Kindes gemeinsam spazieren und kehren danach in ein Lokal ein, in dem sie früher gerne alle zusammen gegessen hatten. Oder sie laden die Familie, Freunde oder Nachbarn zu einem gemeinsamen Essen oder Kaffeetrinken ein. Ich denke, dass diese Aktionen sich an die alte Tradition des Leichenschmauses nach einer Beerdigung anlehnen.

Andere haben das Ritual, am Geburtstag ihres verstorbenen Kindes an seinem Foto eine neue Kerze anzuzünden. Oder sie hören eine Kassette oder CD am Todestag ihres Kindes, die ihm besonders gut gefiel. Es gibt aber auch Rituale, einen Gegenstand des Kindes bei sich zu tragen. Das kann ein Anhänger, ein Lederarmband, ein Ring oder die Uhr eines Verstorbenen sein. Meist nach Jahren der Trauer passiert es, dass dieses „Übergangsobjekt", wie wir es auch aus der Psychoanalyse kennen, um einem Kind die Trennung von der Mutter zu erleichtern, problemlos ohne Schmerzen aufgegeben wird.

Auch gibt es Reinigungsrituale oder Rituale des Übergangs. Man vollzieht sie zum Beispiel in dem Haus oder in dem Zimmer, wo sich das Kind das Leben nahm. Die Reinigung oder Säuberung kann durch Räucher- oder Feuerrituale erfolgen. Diese erinnern an den Gebrauch schwingender Weihrauchgefäße in der katholischen Kirche. Auch Wasserrituale oder Sprechrituale werden gewählt.

Wichtig sind die folgenden Schreibrituale, die auch in Therapien oder Trauergruppen zur Anwendung kommen, um einen Trauernden von zu viel erdrückenden Schuldgedanken zu befreien: Schreiben Sie in einem Brief, vielleicht gemeinsam mit anderen Betroffenen auf, was Sie sich vorwerfen in Bezug auf Ihr Kind unterlassen zu haben. Notieren Sie, welche Fehler Sie gemacht haben. Alles, wodurch Sie den Suizid Ihres Kindes hätten verhindern können. Dann legen Sie den Brief in eine Schale und zünden ihn an. Dies kann am Grab geschehen oder an einem Ort, an dem Sie sich mit Ihrem Kind innerlich verbunden fühlen. Auch das Schreiben von Briefen an den Verstorbenen, ein Tagebuch pflegen oder einen Brief an andere Menschen zu schreiben, wenn Sie traurig sind, kann hilfreich sein.

Ebenfalls hilfreich bei der Verarbeitung von Schuldvorwürfen ist folgendes Ritual: Malen Sie sich eine Waage mit zwei gleich großen Waagschalen. Nun schreiben Sie über die eine Schale einen Fehler oder ein Versagen in der Beziehung zu Ihrem Kind auf, wenn Sie möchten nicht nur in Bezug auf den Suizid Ihres Kindes. Für jede negative Erwähnung füllen Sie sofort ein positives Gegengewicht in die andere Schale. Diese Schale wird angefüllt mit Dingen, die Ihnen gelungen sind, die Sie als gut und wertvoll in der Zeit mit Ihrem Kind erlebten. Schaffen Sie so einen Ausgleich und erleben Sie, dass unser menschliches Handeln vielschichtig ist, Können und Versagen sehr nah beieinander liegen.

Letztendlich dienen diese letztgenannten Rituale dem schrittweisen Loslassen in einem durchlebten Trauerprozess. Rituale geben somit die Erlaubnis, einen Abschluss zu vollziehen. Dabei bestätigt ein Gruppenritual die soziale Verbundenheit und Solidarität mit anderen Menschen und kann eine weitere Stabilisierung fördern und ein Rückzugs- oder Isolierungsverhalten auflösen. Da Rituale auch heftige Sogwirkungen und starke Affekte auslösen können, empfehle ich, die oben genannten therapeutischen Rituale nicht allein durchzuführen, solange noch keine ausreichende Stabilität vorhanden ist.

Alle Rituale lassen sich gut verbinden mit dem Ritual der Dankbarkeit. Suchen Sie sich Personen aus, die vielleicht auch im Kontakt mit Ihrem verstorbenen Kind bis in die Gegenwart eine liebevolle Verbindung zu Ihnen gehalten haben. Bedanken Sie sich bei Ihrem Kind für alles, was es Ihnen an positiven Augenblicken, an Lebendigkeit und Liebe entgegengebracht hat. Dann bedanken Sie sich bei den Menschen, die Ihnen beistehen, Sie begleiten und Sie unterstützen. Diese Dankbarkeit im tiefsten Herzen zu empfinden, wird Sie wärmen.

Übungen zum Thema „Belastungen tragen"

Dieses Loslassen lernen in einem Trauerprozess geschieht in Etappen, und zwar in unterschiedlichsten Momenten, beim Ablauf der Rituale, beim Nachdenken, Schreiben, Reden über Erinnerungen, beim Weinen oder beim Tanzen. Es kann zur Hinwendung zur Gegenwart statt zum Verharren in der Vergangenheit werden. Nur so besteht für Trauernde die Möglichkeit, sich in der Gegenwart zu arrangieren und wieder Vertrauen in die eigenen Fähigkeiten zu finden und Kreativität wieder zuzulassen. Dies ist notwendig, um im Weiteren wieder Hoffnung auf ein positives Leben in der Zukunft zu spüren. Ein neu eröffneter Raum gibt Platz für andere Erfahrungen. Sei es eine neue Bewegung in Richtung vermehrter Lebendigkeit, heraus aus der Starre und Verbitterung, sei es eine neue Offenheit für Begegnungen und Kontakte mit anderen Menschen.

Gelingt dieses Loslassen nicht, wird das Thema des Verlustes zu einem Dauerbrenner im Leben des Trauernden. Bei jeder Begegnung werden die Probleme wie ein Bauchladen vor sich hergetragen und das Augenmerk darauf ausgerichtet. Um diese Entwicklung zu verhindern, mache ich in meiner Praxis folgende Übung:

„Rucksack oder Bauchladen"

Vielleicht erinnern Sie sich an Kino- oder Zirkusbesuche in Ihrer Kindheit. In den Pausen lief dort häufig eine Verkäuferin mit einem Holztablett vor ihrem Bauch herum, welches durch ein breites, um ihren Nacken geschlungenes Lederband getragen wurde. Je nach Wunsch des Käufers holte sie aus ihrem Repertoire Schokolade, Zigaretten oder Tiparillos. Mit dieser Form von „Kleinstunternehmen" versuchten Menschen, etwas Geld zu verdienen, um in den Nachkriegsjahren zu überleben.

Wenn sich z. B. eine Trauernde mit all ihren Sorgen, Geschichten und Träumen auf ihrem Tablet wie eine solche Verkäuferin bewegt, hat dies keine positiven Auswirkungen auf sie und ihre Umwelt. Zunächst schneidet bei einer Anhäufung von Problemen oder bei großen Belastungen der Lederriemen – symbolisch – sehr unangenehm in ihren Nacken. Der Bauchladen blockiert ihre Beweglichkeit und hält ein Gegenüber auf Abstand. Einerseits bietet sie sofort ihre Trauer-Themen an, da sie spontan auf alle Inhalte zugreifen kann, weil sie sie stets vor Augen hat. Andererseits richtet der Mensch, der auf sie zukommt, sofort das Augenmerk auf ihre Trauer, auf den Suizid, auf den Verlust und auf ihr schweres Schicksal. Jede neue Begegnung wird erwartungsgemäß wie ein problembeladener Austausch mit belastenden Themen verlaufen.

Um dieses Muster des hinderlichen Bauchladens zu durchbrechen, gibt es die sogenannte Rucksack-Übung. Sie ermöglicht ein verändertes Tragen eines belastenden Themas:

Die Trauer um den Verlust eines Kindes muss man nicht vor sich hertragen, weil dadurch jede neue Begegnung blockiert werden kann. Dieses Schicksal kann stattdessen symbolisch in einen Rucksack gepackt werden, den man nicht vorne, wie einen Bauchladen trägt, sondern der als seelisches Gepäck geschultert werden kann. Die Lebensthemen bleiben zwar weiterhin erhalten, aber sie werden nicht mehr ständig für andere sichtbar offen herumgetragen. Mit diesem Gepäck bewegt man sich freier und kann seine Arme entgegenstrecken oder verschränken. Das Lebensgepäck fühlt sich je nach Leistungsfähigkeit oder Wegstrecke mal leichter und mal schwerer an. Es kann sein, dass man es manchmal gar nicht spürt, je nach seelischer und körperlicher Verfassung. Ist es zu schwer, setzt man den Rucksack ab, macht eine Pause auf der Lebenswanderung oder verstaut ihn symbolisch in einem Schrank oder im Kofferraum eines Autos. Jederzeit kann man ihn wieder schultern und froh sein, wenn bei einer neuen Begegnung nicht gleich auf dieses schwere Los geschaut wird.

Signalisiert jemand Interesse an diesem Rucksack oder man bekommt Lust auf ein gemeinsames Gespräch, kann man langsam das ein oder andere Päckchen herausholen und darüber sprechen.

In der Übung „Gepäck ablegen“[20] geht es auch darum, an einem ruhigen, hellen Platz auszuruhen und etwas Gepäck abzulegen.

Auch die folgenden Übungen, die eher das „Tun im Nichtstun“ anregen, dienen dem Loslassen und der besseren Wahrnehmung.

„Es atmet mich“

Dies ist eine Meditationsübung. Hierzu setzen Sie sich an einen ruhigen Ort und nehmen sich Zeit, Ihre eigene Atmung wahrzunehmen. Versuchen Sie, ablenkende Gedanken oder Körpereindrücke nicht festzuhalten, sondern kommen und gehen zu lassen. Alles darf kommen und gehen. Konzentrieren Sie sich zunehmend auf Ihre Einatmung – Pause – Ausatmung – Pause. Verändern Sie bitte nichts an Ihrem Atemrhythmus. Lassen Sie die Atembewegungen einfach fließen. Wenn Sie etwas innere Ruhe und Gelassenheit gefunden haben, sagen Sie sich den Satz „Es atmet mich.“ Meditieren Sie diesen Satz. Lassen Sie sich durch mehrfaches Üben überraschen, welche Veränderung dieser Satz im Laufe der Zeit in Ihnen bewirkt.

20 Reddemann, Luise: Imagination als heilsame Kraft, Pfeiffer bei Klett-Cotta, 2002, S.50.

„Die Eierlege-Übung“

Diese Übung empfehle ich meistens Frauen, die durch den Verlust ihres Kindes das positive Gefühl zu ihrem Muttersein und ihrem tragenden weiblichen Becken verloren haben. Es ist eine abgewandelte Form der Eierlege-Atmung, die von Julie Henderson in ihrem Buch beschrieben ist.[21]

Setzen Sie sich auf einen gemütlichen Platz, einen Sessel, einen gepolsterten Stuhl oder ein weiches Kissen am Boden. Schließen Sie die Augen und stellen Sie sich vor, eine Henne zu sein, die gerade ein dickes Ei gelegt hat und sich nun gemächlich auf dieses Ei setzt, sich breit macht, um es zu wärmen. Sie rücken wie eine Henne genüsslich und langsam vom rechten auf den linken Sitzbeinhöcker Ihres Beckens, so als ob Sie sich über Ihrem imaginierten Ei so richtig breit machen wollen. Machen Sie dabei Ihren Beckeneingang ganz weit. Wenn Sie nach einiger Zeit das Gefühl haben, so richtig gemütlich, wohlig und breit auf Ihrem Ei zu sitzen, konzentrieren Sie sich auf Ihre Atemzüge. Dann beginnen Sie mit einem tiefen Atemzug in Richtung zu Ihrem Beckenausgang einzuatmen, um dann nach einer Atempause ebenso tief auszuatmen. Wiederholen Sie diese Atemzüge dreimal. Danach atmen Sie bitte nun Ihren normalen Atemrhythmus weiter. Sie werden nach einigen Übungsversuchen spüren, wie sich ein wohliges, basales Beckengefühl wiedereinfindet. Durch den Suizid eines Kindes wird das basale Gefühl einer positiven Mütterlichkeit erschüttert. In dieser Übung gelingt ein Zugang zu einem wohligen Gefühl im weiblichen Becken. Schließlich hat dieses Becken über viele Monate ein Kind durch die Schwangerschaft getragen.

21 Henderson, Julie: Embodying Well-Being, AJZ Druck und Verlag, Bielefeld, 2001, S. 60.

„Der sichere Ort“

Eine der wichtigsten Übungen in der Traumatherapie heißt „Der sichere Ort“, in Anlehnung, aber abgewandelt nach Luise Reddemann.[22]

Diese Übung verhilft Ihnen, trotz bestehender Belastung in der Alltagsrealität, wann immer Sie es sich wünschen, an einen Ort zu gelangen, an dem Sie sich sicher, beschützt und wohl fühlen. An diesen imaginierten Ort können Sie sich gedanklich hinbewegen, um Ruhe und Abstand zu einem belastenden Geschehen zu finden. Am besten können Sie diese Übung mit einer Traumatherapeutin installieren. Wenn Sie es allein einüben, vergewissern Sie sich immer, ob in Ihrem imaginierten Bild auch wirklich alles so ist, wie Sie es gut finden. Steht Ihr Entwurf fest, sollten Sie sich an Ihrem sicheren Ort rundum wohlfühlen. Setzen oder legen Sie sich entspannt hin und schließen Sie Ihre Augen. Stellen Sie sich vor, dass Sie sich einen Ort zaubern, in dem alles so ist, wie Sie es sich wünschen, damit Sie sich dort niederlassen können, sich sicher und geborgen fühlen, auch wenn Sie ganz allein dort sind.

Vielleicht erinnern Sie sich an einen Urlaub am Meer, in welchem Sie als Kind bereits ein solches Gefühl von Sicherheit am Strand erlebt haben. Malen Sie sich dieses Meerbild mit den schönsten Farben aus. Vielleicht eine Sandbucht mit weichem, hellem Sand, mit Schilfgras, das Sie vor Wind schützt, das Meer in sicherem Abstand, ein Schiff am Horizont, weiße Wolken am Himmel, ein paar Vögel, die vorüberziehen. Wählen Sie die richtige Temperatur und das richtige Wetter. Vielleicht brauchen Sie noch einen Schirm oder ein Zelt. Dann lassen Sie sich nieder und spüren, ob es Ihnen an diesem gewählten Platz gefällt. Wenn Sie noch etwas hart sitzen, wählen Sie sich eine andere Unterlage. Wenn Sie etwas zum Essen und

22 Reddemann, Luise: Imagination als heilsame Kraft, Pfeiffer bei Klett-Cotta, 2002, S. 45.

zum Trinken brauchen, stellen Sie eine Kühltasche oder einen Korb mit frischem Obst oder Wasser neben sich. Spüren Sie nun, ob alles seine Richtigkeit hat und ob Sie sich wohlfühlen. Wenn dies noch nicht der Fall ist, verändern Sie Ihr Bild. Wenn alles richtig ist, atmen Sie dreimal tief ein und aus und lassen Sie sich genüsslich in Ihre Umgebung fallen. Genießen Sie Ihr selbstgewähltes Ambiente.

Andere Wahlmöglichkeiten können ein geschützter Garten mit Bäumen und einer Laube oder Bank sein, eine Berglandschaft oder eine bunte Blumenwiese.

Üben Sie diese Imagination häufig, damit Sie immer rascher in Ihr Bild hineintauchen können.

Diese Übung sollte sofort innerlich abrufbar sein und an diesen Ort sollte niemand hinzukommen. Er ist nur für Sie bestimmt. Wenn Sie sich in einer schwierigen oder bedrohlichen Situation befinden, können Sie in Sekunden Ihren Ort ansteuern und sich sofort darin wohlfühlen. Sie finden so eine notwendige Distanz in einer Überforderungssituation, beruhigen sich, stabilisieren sich, um sich dann mit mehr Sicherheit der Situation stellen zu können.

„Notfallkoffer"

Diese Übung hilft Menschen, die große Angst davor haben, eine Panik zu entwickeln, wenn sie allein sind oder der Therapeut nicht zur Verfügung steht.

Was möchte ich gerne in einen symbolischen Notfallkoffer füllen, den ich stets mit mir tragen kann, oder den ich stets griffbereit an einen bestimmten Ort stelle? In diesem Koffer sollten sich Dinge befinden, die für Sie wichtig und hilfreich sind, vor allem in Krisensituationen. Dinge, die Sie bereits als hilfreich erfahren und einstudiert haben. Dinge, auf die Sie sich verlassen können. Neben wichtigen Telefonnummern von

Menschen, die Sie real anrufen könnten, oder auch einer Notfalltelefonnummer einer Beratungsstelle oder Therapeut*in, könnten sich auch positive Bilder von Menschen, die Sie vielleicht zum Lachen bringen, Ihnen Stärke vermitteln etc. im Koffer befinden. Es mögen vielleicht Übungen sein, Rituale, Fotos oder Bilder, die Ihnen gute Laune machen. Vielleicht eine Massage, wichtige Momente aus einer Therapie, eine schöne Ansicht eines Ortes, an dem Sie sich wohlgefühlt habe, eine Bank, auf der Sie gerne mit einer Freundin sitzen und erzählen. All diese Dinge packen Sie in den Notfallkoffer und achten Sie bitte genau darauf, wo Sie die Dinge unterbringen und für welche Zwecke sie notwendig sein könnten. Wenn Sie in einer kritischen Situation Ihren Notfallkoffer öffnen, sollten Sie sofort das jeweilige hilfreiche Ding griffbereit haben und nicht hektisch in Ihrem Koffer suchen müssen.

Hier ein paar Beispiele für symbolische Gegenstände, die rasch assoziiert werden können mit positiven, wichtigen Momenten, die Ihnen in der Krise beim Öffnen des Notfallkoffers sofort hilfreich sind: Ein rotes Telefon, welches Sie erinnert, jemanden anzurufen, wenn es Ihnen schlecht geht. Ein Duftöl, welches Sie daran erinnert, Ihren Körper gut zu behandeln. Ein Riechfläschchen, welches Sie aus einer Dissoziation (dem Gefühl, den eigenen Körper verlassen zu müssen) herausholt, wenn Sie plötzlich eine Rückerinnerung an etwas Schreckliches haben. Ein Badetuch, welches Sie erinnert, wie gut ein Bad oder eine Massage Ihnen in einer angespannten Situation tut. Ein Foto mit einer Meerlandschaft oder einem Wald, welches Sie ermahnt, schnell einen schönen Spaziergang zu machen oder sich in der Natur aufzuhalten, um besser durchatmen zu können. Eine Box mit leckerem Essen zur Erinnerung, etwas zu Kochen und sich damit zu verwöhnen. Ein Notizbuch, in welches Sie Ihre Gedanken hineinschreiben können. Ein Buch mit Namen "Fünferregel", damit Sie rasch etwas gegen Ihre Angst tun können, indem Sie sich an die Übung mit diesem Namen erinnern.

„Fünferregel"

Diese Übung dient dazu, sich von überwältigenden Gefühlen, insbesondere von Angst nicht überrollen zu lassen, sondern über die eigene Wahrnehmung von Ihrem Körper und der momentanen Umgebung Kontrolle zu erlangen und wieder achtsam für sich selbst zu werden.

Setzen Sie sich hin oder stellen Sie sich in einen Raum oder ins Freie. Egal, ob Sie zittern oder schnell atmen, beginnen Sie, fünf Dinge in Ihrer Umgebung anzuschauen und den Satz zu sagen: „Ich sehe … zum Beispiel einen Stuhl, einen Spiegel, einen Vogel, einen Mann, einen Baum." Dann versuchen Sie, fünf akustische Reize wahrzunehmen und sagen: „Ich höre … zum Beispiel einen Rasenmäher, eine Motorsäge, das Rascheln der Blätter im Wind." Danach benennen Sie fünf Körperteile, die Sie wahrnehmen und sagen: „Ich spüre ... wie meine Fußsohlen den Boden berühren, meine Wirbelsäule an der Stuhllehne anliegt, meine rechte Hand auf meinem Oberschenkel."

Es geht bei dieser Übung nicht darum, sich auf den Atem oder den Herzschlag zu besinnen und ihn zu beobachten, denn bei innerer Anspannung und Aufregung würde dies eher dazu führen, noch unruhiger zu werden. Wichtig ist die Wahrnehmung, dass die Füße auf dem Boden sind, dass Ihre Wirbelsäule gestützt ist, dass Ihre Arme oder Hände eine bestimmte Auflagefläche oder Berührung zu einem anderen Körperteil haben.

Diese drei Schritte: ich sehe, ich höre und ich spüre, führen Sie bitte fünf Mal durch, wobei Sie bei jedem Mal ein Teil weniger benennen. Es ist völlig gleichgültig, ob Sie bei jedem Durchgang die gleichen oder andere Dinge benennen. Wichtig ist nur, dass Sie die Dinge sehr bewusst wahrnehmen, sich konzentrieren und damit die Sicherheit und Kontrolle über Ihren Körper in einer stabilen Umgebung erlangen. Panik oder Gedankenkreisen können durch diese Übung geblockt werden, und vor allem werden Sie durch wiederholtes Üben etwas an der Hand haben, was Sie immer und überall und vor allem auch ganz alleine anwenden können.

Fotoalben oder die Familiengeschichte vor dem Suizid

In der Arbeit mit Angehörigen nach Verlust eines geliebten Menschen verwende ich gern die Idee, gemeinsam ein virtuelles Fotoalbum zu betrachten. Ich lasse mir symbolisch ein Fotoalbum vom Verstorbenen zeigen und ermuntere die betroffenen Eltern, von ihren Kindern zu erzählen.

Sie beginnen mir von Geburt an die Fotos ihres Kindes zu beschreiben. Ich stelle dabei unterstützende Fragen: „Was hatte ihr Kind gerne an?“, „Wie schaut sie Sie gerade an?“, „Welches Spielzeug hat er in der Hand?“, „Auf welchem Arm sitzt er da?“, „Auf welchem Foto schaut er fröhlich, und wo schaut er nachdenklich oder traurig?“, „Wie alt war es da gerade?“.

Meist entwickelt sich bei dieser Arbeit ein sehr aufschlussreicher, lebendiger und emotionaler Austausch zwischen der Mutter oder dem Vater und mir, der Therapeutin. Wenn die Erinnerung zu sehr schmerzt, lasse ich Pausen einfließen, eine andere Seite aufschlagen oder das Buch bis zum nächsten Treffen schließen.

Diese Arbeitsweise mit imaginierten Momentaufnahmen oder auch das Mitbringen von realen Fotos löst eine Vielzahl von ganzheitlichen Erinnerungen aus und es wird vermieden, lediglich die negativen oder mit Schuld behafteten Momente anzuschauen. Die Wahrnehmung von Zärtlichkeit und Nähe auf einem Foto ermöglicht den Betrachtenden, positive Momente und Gefühle aufzuspüren.

Für meine beiden Kinder hatte ich jeweils ein reales erstes Fotoalbum und ein kleines Buch über Schwangerschaft, Geburt und besondere Lebensmomente angelegt. In ihnen lese ich heute noch und es sind viele Sätze daraus auch in dieses Buch eingeflossen. Diese Alben sind wahre Schatztruhen, da man sich in schweren Trauerzeiten oft nicht mehr an freudige Momente aus der Vergangenheit erinnern kann, zumal wenn das Ende mit vielen Problemen und Traumata angefüllt war. Ich möchte an dieser Stelle betroffene Eltern ermuntern, ein Fotoalbum – real oder imaginiert – von ihrem verstorbenen Kind anzulegen oder dessen Lebensgeschichte aufzuschreiben. Wenn Sie es nicht für andere tun wollen, dann tun Sie es einfach für sich. Setzen Sie sich vor ein Blatt Papier und sagen Sie sich den Satz: „Erste Erinnerung, beste Erinnerung" und folgen Sie dann Ihren spontanen Einfällen. Im Teil I habe ich dieses Erinnerungsalbum von meiner Tochter geöffnet.

Viele Angehörige, die einen geliebten Menschen durch Suizid verloren haben, suchen nach Beispielen, nach Verbindungen, nach Ähnlichkeiten. Es tut den Trauernden gut, im Kontakt mit anderen Gemeinsamkeiten zu entdecken und sich mit dem Schicksal einer anderen Person oder deren Kind zu identifizieren. Die Wertschätzung, die sie dabei erfahren, ist heilsam.

Es tauchen bei diesen Sitzungen Fragen auf wie: „Was geschah in anderen Familien?", „Was haben andere Kinder vor ihrem Suizid erlebt?", „Sind es besondere Kinder, die sich selbst töten?", „Zeigen sie von Geburt an etwas Außergewöhnliches?", „Sind sie alle traurig oder depressiv?", „Haben sie keine Freunde?"

Als Therapeutin muss ich solche Fragen, die auf bestimmte Gemeinsamkeiten abzielen, verneinen. Bei der Aufarbeitung vieler Anamnesen von Suizidanten stößt man auf völlig unterschiedliche Persönlichkeiten und Lebensläufe. Auch die Familiensysteme, aus denen sie stammen, sind völlig unterschiedlich.

Mein Hauptinteresse galt immer wieder den Eltern von Suizidanten. Detektivisch wollte ich in Trauergruppen herausfinden, ob es seltsame Persönlichkeiten sind, dominante oder depressive Mütter oder weiche Väter? Oder handelt es sich um Familien, in denen Chaos herrscht oder zwanghafte Kontrolle. Resultat: Es gibt keine einheitliche Linie und somit auch keine typische Familie, in der man einen Suizid vorhersagen kann.

Nur als kurze Anmerkung in diesem Zusammenhang: Die Eltern von Suizidkindern sind alle unterschiedlich und zeigen keinerlei seltsame Anzeichen irgendeiner „Gestörtheit“, so wie ich es manchmal leider hören musste. Sie vernachlässigen auch nicht ihre Kinder. Es gibt auch keine sogenannten „Suizid-Gene“ in Familien. Es gibt die Tatsache, dass bei Suizidanten, bei denen der Serotoningehalt gemessen wurde, festgestellt wurde, das dieser vermindert ist, ebenso wie bei depressiven Erkrankungen. Doch es gibt viele Menschen mit vermindertem Serotoningehalt, die sich nicht das Leben nehmen.

Versöhnung mit dem Unfassbaren

„Du musst dich mit deinem Schicksal endlich versöhnen“, lautet der gut gemeinte, unterstützende Hinweis von Außenstehenden gegenüber Betroffenen, die den Tod ihres Kindes betrauern.

Antworten Sie diesen Menschen in aller Ruhe mit folgendem Satz: „Es braucht noch etwas Zeit.“

Ich ermuntere Trauernde, sich unbegrenzte Zeit für ihre Trauer zu nehmen, für ihre Tränen, ihre Verzweiflung, ihre Verletzung und ihre Wut. Nur wer durch diese schmerzvollen Prozesse geht, findet einen Weg zur Versöhnung. Dieser Prozess braucht nicht nur Zeit, sondern er verläuft bei jedem Trauernden unterschiedlich. Er ist schließlich abhängig von den verschiedenen Begebenheiten, zu welchen auch die sozialen, kulturellen und finanziellen Situationen zählen. Sie ist auch abhängig von dem Maß an erlebter Unterstützung durch die Umwelt und der individuellen Persönlichkeit des Betroffenen.

Manchmal ist man der Meinung, den Prozess beendet zu haben, weil der Blick wieder nach vorne gerichtet werden kann, nachdem man etwas Frieden gefunden hat mit diesem völlig unkontrollierbaren Ereignis „Suizid“. Vielleicht gelingt es, mir und meinem Kind zu verzeihen oder noch wichtiger, mein Kind um Verzeihung zu bitten über meine menschliche Unzulänglichkeit in so vielen Momenten des gemeinsamen Lebens. Natürlich können wir dieses Verzeihen unserer Kinder nicht hören, aber das Erbitten von Verzeihen hilft sehr.

Wenn man glaubt, es geschafft zu haben und die frühere Ausgeglichenheit sich wieder ausgebreitet hat, ereignen sich urplötzlich wieder Rückfälle und neue Erschütterungen. Ereignisse wie neue Todesfälle, Erkrankungen in der Familie, Verluste von Schwangerschaften in der Familie, Abbrüche von

Freundschaften bedeuten erneute Trauer und lassen alte Kränkungen und Belastungsgefühle wieder aufbrechen. Wenn diese Ereignisse zu schnell hintereinander stattfinden, gibt es wieder Zeiten der Resignation mit Anklagen an das Schicksal, welches zu hart und unfair erscheint. Aber auch in besonders schönen, berührenden Momenten, wie Hochzeiten, Taufen oder Geburten fehlen uns die eigenen Kinder sehr und es folgen oft Nächte, in welchen man stundenlang weint über den Bruch der eigenen, ehemals positiven Lebensplanung. Eine weitere Versöhnung scheint dann wieder in weiter Ferne.

Versöhnung bedeutet, mit dem Unfassbaren weiterzuleben, das Geschehene anzunehmen und es in die eigene Lebensgeschichte zu integrieren. Hierzu ist es nötig, sich selbst zu verzeihen und liebevoll mit sich umzugehen. Das kann nur gelingen, wenn ich im Hier und Jetzt das tue, was mir wichtig erscheint, immer in dem Bewusstsein, dass es kein richtig oder falsch gibt und dass ich weder Leben noch Tod kontrollieren kann. Schließlich bleibt es wichtig, egal was im Leben passiert, sich selbst und sein eigenes Schicksal zu respektieren. Die Sätze: „Ich respektiere mich und mein Schicksal" und „Ich achte mich und mein Schicksal" gelten gleichzeitig auch für meine Mitmenschen: „Ich respektiere dich und dein Schicksal."

In den Momenten, wo uns das gelingt und wir uns gegenseitig zugestehen, nicht alles im Leben begreifen oder verstehen zu können, beginnt Versöhnung. Wenn ich sagen kann: „Mein Kind ist diesen Weg gegangen und ich konnte es nicht nur verhindern, sondern ich respektiere diese Entscheidung."

Der zunehmende Respekt und die Anerkennung für die eigene Person und das eigene Schicksal sowie die Versöhnung mit dem verstorbenen Kind können im Weiteren dazu führen, die Grenzen zwischen uns Lebenden und den Toten durch einen inneren Dialog, wann immer es beliebt, zu überwinden.

Ich kann Verstorbene in ihrer Sphäre schwingen lassen, während ich selbst meinen Lebensweg mit all seinen sinnvollen und unsinnigen Lebensaufgaben auf Erden leichter und freier weitergehe. Es herrscht Ruhe im Kreisen um Schuld und Versagen als Mutter oder Vater. Durch eine allumfassende, wunderbare, grenzenlose Liebe kann es gelingen, sich mit Menschen und Verstorbenen verbunden zu fühlen. Ängste vor Tod, Trennung und Verlust verschwinden mehr und mehr.

Mit diesem Verständnis wird der Umgang mit sich selbst weicher und im Kontakt mit anderen bleibe ich offener und gelassener. Ich kann Menschen um Verzeihung bitten, auch wenn sie mir nicht verzeihen. Ich muss nicht mehr verhärtet in den Rückzug gehen, sondern kann mich abgrenzen oder auch auf den anderen zugehen, wenn mir etwas nicht passt. Ich bleibe lockerer mit mir und anderen, da ich um meine Begrenztheit und die anderer Menschen weiß. Bei einem Versagen brauche ich nicht zu Kreuze zu kriechen oder mich schamvoll zu verstecken.

So habe ich erst in den letzten fünf Jahren die nötige Zuversicht und Gelassenheit gefunden, mein eigenes Leben, mit all meinen Fähigkeiten in dieser Welt, wieder voll und ganz anzunehmen. Das war eine wirkliche Lebensaufgabe für mich.

Ich stelle ans Ende dieses Kapitels ein letztes Gedicht meiner Tochter, welches die tiefe Sehnsucht von vielen Trauernden nach dem Verlust eines geliebten Menschen widerspiegelt. Auch wenn es uns manchmal nicht vergönnt ist, hier auf unserer Erde eine ersehnte Beziehung weiter zu erleben, können wir trotz aller Abbrüche versuchen, Brücken zu schlagen, um in Verbindung zu bleiben.

Wahre Freundschaft

Wir könnten um die Erde reisen,
Den ganzen Tag im Weltall kreisen
Oder auch nur am Strande sitzen
Und in der Sommersonne schwitzen.
Wir wären uns immer so nah,
Wir wären für den anderen da.
Wir könnten jeden Berg erklimmen,
Und durch jeden Ozean schwimmen.
Bei uns ist nicht alles im Lot,
Ich lebe und Du bist tot.
Das macht mir das Leben voller Schmerzen,
Doch wahre Freunde behält man immer im Herzen.

Was hilft Hinterbliebenen nach einem Suizid

In diesem Kapitel soll noch einmal anhand einiger Beispiele gezeigt werden, welche Therapien, Verfahren und weitere Möglichkeiten Hilfe und Unterstützung bieten können.

Ein Trauerprozess verläuft erfahrungsgemäß nicht gut, wenn nicht Hilfe von verschiedener Seite erfahren wird. Sofortige Unterstützung in der Umgebung, von der Familie, den Nachbarn, den Freund*innen und einem netten Pfarrer oder Seelsorger. Dabei geht es nicht darum, was gesagt wird, ob sie umarmen oder ob sie einen Kuchen, eine heiße Hühnersuppe, eine wärmende Decke bringen. Hauptsache, es ist jemand da!

Der Umgang mit Trauernden nach einem Suizid ist dabei besonders schwierig. Denn sowohl die trauernden Angehörigen als auch die, die sie trösten wollen, haben keine Zeit, sich auf das Ereignis einzustellen. Die Betroffenheit und gerade die eigene Hilflosigkeit angesichts eines solchen Verlustes auszudrücken, hilft den Hinterbliebenen. Je rascher man diese Zuwendung oder Anteilnahme, auch wenn sie holprig erscheinen mag, erfährt, desto besser für Trauernde. Allein zu wissen, dass viele Menschen da sind oder an einen denken und um die Situation als todunglückliche Mutter oder Vater wissen, ermöglicht, nicht zu verzweifeln.

Manchmal bedarf es aber zusätzlich einer professionellen Hilfe. Erwähnen möchte ich hier einige bewährte, aber sehr unterschiedliche Verfahrensweisen. Betroffene sollten wissen, wie sie an einen Traumatherapeuten oder an eine Traumatherapeutin gelangen und was bei einer Traumatherapie auf sie zukommt.

Traumatherapie – zum Beispiel EMDR

Über mein Erleben in meiner eigenen Traumatherapie habe ich bereits im Kapitel „Über Trauma und Traumafolgestörungen" geschrieben (S. Teil III, S. 173). Besonders unter dem Aspekt „Wann ist professionelle Hilfe erforderlich" sind wichtige Hinweise zum Ablauf einer Traumatherapie zu finden (vgl. Teil III, S. 165-167).

Ich selbst arbeite in meiner Praxis bevorzugt mit der EMDR-Methode, die bei Traumafolgestörungen sowohl in der Akutphase als auch in den folgenden Monaten nach einem traumatischen Ereignis sehr hilfreich angewendet werden kann. EMDR steht für Eye Movement, Desenzitisation and Reprocessing (= Augenbewegung, Desensibilisierung, Durcharbeiten). Bei dieser Behandlung mit EMDR kommt es zu einer Normalisierung der Funktionen im Körper auf hormoneller und neurophysiologischer (Funktionsweise des Nervensystems betreffender) Ebene. Man wendet EMDR unter anderem bei Traumafolgestörungen, wie zum Beispiel der Posttraumatischen Belastungsstörung an. Weitere Informationen über die EMDR-Therapie finden Sie im Internet unter *EMDR-traumatherapie.de.*

Die spezielle Suche nach einem*r Traumatherapeut*in ist oft schwierig, da sie häufig ausgebucht und sehr rar sind. Auf die Frage von Betroffenen nach einem Suizid: „Wie begebe ich mich auf die Suche nach einer Traumatherapie?", empfehle ich Folgendes:

Am besten geht man zum Hausarzt, schildert die Symptome und lässt sich eine Überweisung zu einem ärztlichen oder psychologischen Psychotherapeuten ausstellen. Ich warne davor, sich längerfristig mit Beruhigungstabletten, Schlafmitteln oder Antidepressiva von Nicht-Fachärzten behandeln zu lassen. Es ist wichtig, dass man sich körperlich gründlich untersuchen lässt, bevor eine psychotherapeutische Behandlung begonnen wird. Bei jeder psychischen Erkrankung muss zuvor abgeklärt sein, dass nicht ein Hirntumor, eine Nervenerkrankung, eine Schilddrüsenfunktionsstörung, eine Herzerkrankung oder eine Lungenerkrankung, um nur einige zu nennen, Ursache für die Beschwerden sind.

Einen Therapieplatz findet man oft über Empfehlung dieses Hausarztes, auf Nachfrage bei der Kassenärztlichen Vereinigung, die auch gezielt Therapeut*innen mit entsprechenden Therapieausrichtungen empfehlen kann. Dort können Sie auch erfahren, wo offene Kapazitäten bei den niedergelassenen Therapeut*innen bestehen. Außerdem können Sie sich im Internet oder nach wir vor über die „Gelben Seiten“ kundig machen.

Was macht eine Trauma-Therapeutin oder ein Trauma-Therapeut zunächst mit mir? Zum besseren Verständnis finden Sie im Folgenden einige konkrete Vorgehensweisen.

In der Therapie geht es stets darum, zuerst eine Vertrauensebene herzustellen. Sicherheit, eventuell Ruhe und klare Rahmenbedingungen geben dem/der Patient*in Halt. Man versucht den/die Patient*in dort abzuholen, wo er/sie gerade steht. Hierzu gilt es eine gute Anamnese zu erheben und die momentane Situation mit entsprechender Gefühlslage des/der Patient*in zu erfassen.

Nach einem Trauma muss der Betroffene erst einmal seine Autonomie zurückgewinnen, um sich nicht mehr ausgeliefert zu fühlen. Fragen nach den konkreten Erlebnissen führen häufig zu einer erneuten Traumatisierung. Also muss man behutsam vorgehen.

Zunächst gilt es, zu stabilisieren, sodass der oder die Betroffene wieder Boden unter den Füßen spüren kann. Ich nenne es, ein gutes „Grounding" bekommen. Durch die Schulung einer besseren Körperwahrnehmung kommt es zu einer notwendigen Stabilisierung und dadurch auch zu einem liebevolleren, fürsorglicheren Umgang mit sich selbst.

Dann geht es darum, die Ressourcen des Betroffenen zu finden und diese Ressourcen auszubauen. Der Wunsch ist es, aus einem ressourcenarmen Zustand, der geprägt ist von Ängstlichkeit, Depressivität, Kontaktarmut oder gar Suizidalität, in einen ressourcenvollen Zustand von Stärke, Fröhlichkeit, Konfliktfreiheit und Glück zu gelangen.

Um Sicherheit und Kraft zu finden, gibt es zum Beispiel Körperübungen oder Imaginationsübungen. Es gibt Distanzierungstechniken, wie z. B. Tresorübungen oder Screening-Techniken, um Abstand zum Erlebten herzustellen und einer Überflutung von traumatischen Gedanken oder Bildern entgegenzuwirken. So lernt man sich den Ängsten, Gefühlen und traumatischen Bildern nicht mehr ausgeliefert zu fühlen. Das Erlernen von Abgrenzungsübungen, z. B. Schutz durch einen Schleier oder eine imaginierte Wand, helfen dem Traumatisierten, sich besser abzugrenzen.

Techniken zur Angstbewältigung oder bei Panikattacken z. B. die „Fünferregel" (Ich sehe, ich höre, ich spüre, vgl. Teil III, S. 214) sind hilfreich. Oder man erstellt eine Art Notfallkoffer, den der Betroffene in der Praxis mit erlernten Übungen anfüllt, um sie im Notfall zu Hause auszupacken und anzuwenden. (Wichtige Übungen finden Sie in Teil III, S. 207 ff.)

Ich möchte aufmerksam machen, dass nach einem Suizid nicht nur die betroffenen Eltern, sondern eventuell auch die Fachkräfte vor Ort an die Notwendigkeit einer Traumatherapie für sich selbst denken sollten. Hierzu ein Beispiel aus meiner Praxis:

Eine Hausärztin wurde notfallmäßig von einer ihrer langjährigen Patientinnen angerufen. Sie eilte sofort herbei und war die erste vor Ort, die der Mutter half, die versperrte Türe des Kinderzimmers aufzuschieben. Dann sah sie den Sohn der Patientin, der sich an der inneren Türklinke erhängt hatte. Dieses schreckliche Bild des jungen Mannes, den sie von Kind an als Ärztin betreut hatte, verfolgte die Ärztin in den folgenden Tagen und blockierte sie bei ihrer weiteren Tätigkeit in der Praxis.

In einem solchen Fall kann eine sofortige Therapie mit der EMDR-Methode hilfreich sein, um die traumatischen Eindrücke zu verarbeiten.

Familien- / Paartherapie

Da es vor und nach Selbsttötungen im Zusammenleben mit anderen häufig zu Krisen kommt, empfehle ich eine/n Familientherapeut*in aufzusuchen. Die eigenen Ehepartner*innen wirken oft hilflos, schweigsam oder verstummen gar. Die Kinder blicken die Eltern fragend an, weil sie wissen wollen, wie sie nun mit ihnen umgehen und in dieser schwierigen Situation weiterleben sollen. Durch dieses Schweigen der unmittelbaren Umgebung fühlen sich meist die Mütter zunehmend überfordert. Sie zweifeln an sich selbst, stellen ihre gesamte Familiensituation oft in Frage und spüren eine zunehmende Überforderung, mit diesem Schweigen klarzukommen. Familientherapie und Paartherapie kann auch hilfreich sein, um die anderen Kinder nicht mit den „Aufarbeitungsgeschichten" der Erwachsenen zu sehr zu belasten.

Beachten sollte man dabei, dass der/die beste Familientherapeut*in nicht unbedingt der beste Trauerbegleiter in einer sehr akuten Situation ist.

Namen und Adressen von Paar- und Familientherapeuten können Sie im Internet, in den „Gelben Seiten“ finden oder bei der für Ihre Region zuständigen Kassenärztlichen Vereinigung erfragen.

Trauergruppen

Manchmal ist es hilfreich, Unterstützung bei einer Trauergruppe zu suchen, die zum Beispiel beim AGUS-Sekretariat (Angehörige um Suizid) in Bayreuth angefragt werden kann. Aus den Zusammenkünften dieser Gruppen von Angehörigen nach Suizid resultieren oft unvergessliche Begegnungen. Im Kontakt mit den anderen Betroffenen gelingt es unter guter Leitung, wie ich es z. B. mit Chris Paul erleben durfte, sich an die vielen Fragen und Gefühle, die einen aufwühlen, heranzutasten. Das Sprechen, das Weinen, das Singen und die Erfahrung, mit dem Schicksal nicht allein zu sein, sind unendlich hilfreich.

AGUS bietet auch Gruppen für betroffene Geschwisterkinder nach Suizid an. Diese können sehr hilfreich sein, um Sprechblockaden von Jugendlichen zu lösen. Unter gleichaltrigen Betroffenen fällt das Sprechen in der Regel leichter als in der eigenen Familie, wo jeder Sorge hat, den anderen noch weiter zu verletzen oder zu belasten. Das Wunderbare an diesen Gruppen ist, dass es keine Rolle spielt, wann man mit ihnen beginnt. Ich rate meinen Patient*innen und deren Kindern, eine begleitende oder anschließende Selbsthilfegruppe in der eigenen Region bei AGUS zu erfragen – parallel zu oder nach einer Einzel-Psychotherapie.

Aber ich musste leider auch erkennen, wie sich in manchen Trauer-Selbsthilfegruppen, die über viele Jahre liefen, die Trauernden in eine Art exklusiver Dauer-Trauer-Zone einrichteten, um sich dort ständig um sich selbst zu drehen. Dieses Verhalten nannte ich eine prolongierte Trauer, und diese mündet in keine positive Progression, um sich dem Leben wieder zu öffnen.

Eigenes Engagement und Öffentlichkeitsarbeit mit anderen Betroffenen nach Suizid

Als betroffene Eltern werden Sie immer wieder anderen Betroffenen nach Suizid begegnen. Dabei eröffnet sich im Gespräch ein beidseitiger Lernprozess. Es ist heilsam, anderen helfen zu können und dabei für sich selbst wichtige Erkenntnisse zu erlangen.

Es ist inzwischen ausreichend erforscht, dass durch die Empathie zu anderen Menschen das eigene Glücksgefühl gesteigert wird.

Dies gilt auch für Menschen, die sich entscheiden, Betroffene nach Suizid zu unterstützen. Sie können helfen und erhalten darüber selbst auch Hilfe, da das eigene Spektrum an Erfahrungen durch diesen wechselseitigen Austausch erweitert wird. So konnte ich persönlich durch vermehrte Therapiearbeit im Bereich traumatischer Trauer meine Kenntnisse auch in öffentlichen Vorträgen weitervermitteln. Mein Vorteil war, dass ich immer aus eigenem Erleben berichten konnte und sich nach diesen Vorträgen viele Betroffene mit ihren Geschichten öffneten und wichtige Anschlussdiskussionen stattfanden.

Speziell in der Öffentlichkeitsarbeit können Betroffene Hilfe zur Selbsthilfe erfahren. Es ist bekannt, dass sich viele ehrenamtliche Mitarbeiter als selbst Betroffene nach Suizid bei AGUS oder anderen Einrichtungen engagieren, dabei ein befriedigendes Arbeitsfeld erleben und sehr viel Zuspruch von außen erfahren. Sie treten bei Tagungen auf oder zeigen sich mit Plakaten und ihren Themen auch öffentlich. Vielleicht bekommen Sie Lust, eine Ausbildung für Trauerbegleitung zu machen und eine Trauergruppe zu leiten.

Insofern möchte ich hier andere Betroffene ermuntern, in der Öffentlichkeitsarbeit mitzumachen. Es hilft, aus dem inneren Versteck herauszutreten und allen anderen sagen zu dürfen: „Ja, ich bin eine betroffene Mutter oder Vater, deren/dessen Kind sich das Leben genommen hat. Ich muss mich dafür nicht schämen." Es bedarf etwas Mut, aber Ihr Engagement wird sich lohnen, schon für die Erfahrung, dass Sie nicht gänzlich allein sind mit Ihrem Thema.

Körperpsychotherapeutische Verfahren

Da sich viele Betroffene nicht trauen, in einen verbalen Austausch zu gehen und häufig körperliche Verspannungen oder gar psychosomatische Symptome entwickeln, möchte ich hier die hilfreichen Möglichkeiten von körperorientierter Psychotherapie erwähnen. Sie werden bei Klienten eingesetzt, die sich schwertun, ihre Gefühle und ihre Konflikte verbal zu verarbeiten. Sie reden vielleicht über vieles, aber das Gesprochene wird nicht emotional verknüpft. Einen Zugang finden Betroffene dann über eine gezielte Körperarbeit. Es kann z. B. eine bioenergetische Körpertherapie, eine konzentrative Bewegungstherapie, eine psychodynamische Körpertherapie oder eine Tanztherapie sein. Es gibt inzwischen viele Psychotherapeut*innen, die mit einem multimodalen Ansatz arbeiten, also körpertherapeutische, maltherapeutische und verbale Psychotherapie verbinden. Wie hilfreich es ist, verschiedene Methoden in der Psychotraumatologie zu integrieren und den Blick nicht nur auf eine einzige Vorgehensweise zu richten, ist unter Ärzten und Therapeuten im interdisziplinären Austausch inzwischen deutlich geworden.[23]

23 Bereits 2007 habe ich zu diesem Thema den Beitrag „Trauma und Therapie – Nährboden künstlerischen Schaffens" geschrieben. Vgl. Christiane Müller, in: Trautmann, S., Voigt, B.: Körper und Kunst in der Psychotraumatologie, Schattauer, 2007.

Ayurveda-Massagen – Autogenes Training – Atemtherapie

Auch Massagen mit duftenden Ölen bei Natur-Heilpraktiker*innen können zutiefst heilsame Momente und vor allem Entspannung bringen. Die Resonanz, die zwischen meinem Körper und den Händen erfahrener Masseur*innen oder Körpertherapeut*innen entsteht, wird als innerer, non verbaler Dialog seine positiven Kräfte entfalten. Gerade auf Grund der bestehenden Schuldgefühle weigern sich viele Betroffene, ihrem Körper eine positive Zuwendung zu gönnen. Ich möchte Sie ermuntern, Ihre Blockade aufzugeben, über den eigenen Schatten zu springen und sich einer Massage, welcher Art auch immer, ob Ayurveda-Massage, Klangmassage, Fußreflexzonenbehandlung oder einer Aromatherapie zu öffnen.

Auch die Teilnahme an einem Autogenen Trainingskurs, Meditationsübungen oder einer Atemtherapie kann viele Spannungen und Blockaden lösen, ohne dass man unbedingt über das Erlebte sprechen muss.

Lesen – Singen – Tanzen

Lektüre ist in der Trauer hilfreich, um den Prozess besser zu verstehen und die manchmal als eigenartig empfundenen Gefühlsregungen besser zu akzeptieren. Beim Lesen von Texten oder Gedichten über Trennung, Trauer und Leid kann ich mich emotional erreicht und verstanden fühlen. Vielleicht findet das verwundete Herz eines/einer Betroffenen etwas Trost und fühlt sich verbunden oder verstanden in ihrem/seinem Schmerz.

Viele Fragen werden z. B. von Büchern von Elisabeth Kübler-Ross, Verena Kast, Jorgos Canacakis oder J. W. Worden beantwortet. Die Beschreibungen der verschiedenen Trauerphasenmodelle nachzulesen vermittelt eine Gewissheit, dass alles, was man in dieser schwierigen Zeit an Gefühlen erlebt, gut und richtig sein kann. Der Blick wird in eine andere Richtung – nämlich auf unsere Ressourcen – gewendet. Dabei denke ich an Bücher und Vorträge von Marie Luise Reddemann. Durch ihre Ansätze lernt man achtsamer, liebevoller und verständnisvoller mit sich selbst umzugehen.

Zu nennen ist in diesem Zusammenhang noch der wunderbare Text über „EMDR und Trauer" von Joany Spiering. Das Wissen kommt aus erster Hand von einer Frau, die jahrelange Erfahrung im Umgang mit schwer traumatisierten Angehörigen nach Kriegsunfällen, Flugzeugabstürzen, Brandkatastrophen und Selbsttötungen hatte. Was sie von ihren Einsätzen an Erfahrungen im Umgang mit Verlustthemen mitbringt, ist ein großer Schatz. Zu diesen und weiteren wichtigen Veröffentlichungen zum Thema Trauer und inneres Wachstum siehe auch S. 243 ff.

Neben der Literatur gilt es natürlich, die Musik und die Kunst als wahre Helfer in Trauersituationen nicht zu vergessen. Bei der Auswahl der Musik ist es jedoch wichtig, sich nicht in den gefährlichen Sog einer traurigen Musik zu begeben, solange eine depressive Gestimmtheit bereits jegliche Lebenslust genommen hat. Musik kann sehr hilfreich sein, emotionale Blockaden zu lösen und seinen Gefühlen freien Lauf zu lassen. Auch Singen sollte man nicht unterlassen, selbst wenn einem die Stimme unter einem heftigen Weinanfall zu versagen droht. Schämen Sie sich nicht, vor anderen zu weinen, in einem Gesangskreis oder beim gemeinsamen Kirchenliedersingen. Auch wenn Sie in der ersten Trauerzeit weinen müssen, meiden Sie nicht Ihre Chorgruppe oder weitere Kirchgänge, denn das erlebte Gemeinschaftsgefühl in dieser Umgebung ist sehr wichtig. Im Übrigen habe ich noch nie einen Menschen erlebt, der niemals zu weinen aufgehört hat.

Auch das Tanzen allein zu Hause oder mit anderen in einer Gruppe kann in einem Trauerprozess sehr heilsam sein. Die Schwingungen des Körpers zur Musik lösen die Spannungen. Das gemeinsame Gruppenerlebnis, in einer körperlichen Aktion mit anderen verbunden zu sein und eine Zugehörigkeit zu erleben, hat sehr positive Wirkung. Natürlich müssen Sie darauf gefasst sein, dass gerade in einer munteren, fröhlichen Gesellschaft Ihre eigenen Trauergefühle massiv aufbrechen können. Gerade in solchen Momenten kann der Schmerz über den Verlust Ihres einstmals so lebensfrohen Kindes besonders deutlich werden.

Neue Lebensaufgaben und Zukunftspläne

In diesem Buch verdeutliche ich anhand meiner eigenen Geschichte, welche Lebensaufgabe die Hinterbliebenen nach dem Suizid eines Menschen erwartet, um mit dem unermesslichen Leid in sich und in der Familie nicht nur zu überleben, sondern sich sehr bewusst dem eigenen Trauerprozess zu stellen, um neue Wege mit ungeahnten Herausforderungen und unerwarteten Möglichkeiten zu finden. Ich wünsche Eltern, die dieses Buch lesen und die ein ähnliches Schicksal mit mir teilen; viel Mut und Zuversicht, ihre Lebensaufgaben anzunehmen und den Blick in eine hoffnungsvolle Zukunft niemals zu verlieren.

Mit meinen inzwischen 68 Lebensjahren im Gepäck fühle ich mich als Rentnerin zunehmend ausgeglichen und versöhnlich. Auch wenn ich manchmal den Satz zu mir sage, dass mein Leben unerwartet hart und zu anstrengend für mich war, erlebe ich die meiste Zeit ein Ernte-Dank-Gefühl. Durch meinen Mann, meine Familie mit vielen Kindern und Enkelkindern, meine Geschwister mit Neffen und Nichten, meine Freund*innen und Nachbar*innen fühle ich mich reich beschenkt. Mit ihnen stehe ich in regem Austausch, freue mich über Fotos und Videos aus deren Alltagsleben. Die Treffen und Besuche mit ihnen sind mir sehr wichtig und ich freue mich darüber, auch wenn es dabei nicht immer konfliktfrei zugeht. Die Anwesenheit der vielen jungen Menschen bedeutet für mich Glück und Zuversicht auch für das zukünftige Leben.

Meine inzwischen zunehmende Gelassenheit, insbesondere was den Umgang mit Kindern angeht, erstaunt mich selbst und basiert wohl auf der bitteren Erfahrung, dass mein Kind trotz all meiner Liebe und meines Bemühens nicht weiterleben wollte oder konnte. Immer wieder bin ich erschrocken, wie grausam und unter welchen schlimmen Bedingungen Kinder in unserer Welt aufwachsen müssen. Es berührt und erstaunt mich, wenn sie ihr Leben dennoch nicht aufgeben und tapfer weitergehen.

Ich sage häufig zu Eltern, die sich oder mich fragen, wie der richtige Umgang mit ihren Kindern oder Enkelkindern sein könnte: „Man kann dieses oder jenes machen, aber man sollte sich niemals anmaßen zu wissen, was richtig oder falsch ist!“ Diese Haltung war mir auch stets beim Schreiben dieses Buches wichtig. Ich kann Ratschläge oder wichtige Hinweise geben, aber was daraus wird und ob sie hilfreich sind, kann ich mir zwar in meinen Wünschen ausmalen, aber eine Gewissheit darüber gibt es nicht.

Ich will mich auch in Zukunft engagieren als Mutter, Oma und Partnerin, um die Beziehung mit den Familienmitgliedern lebendig zu halten.

Dazu gehört es auch, mich weiterhin gegen Tabus und Stigmatisierungen nicht nur im Themenfeld „Suizid“ aufzulehnen. Auch durch Malen und Schreiben möchte ich mich weiterhin mit den Inhalten und Herausforderungen meines Lebens auseinandersetzen. Zusätzlich will ich mit viel Engagement meinen Beitrag gegen das Leid in der Mitte unserer Gesellschaft und das Unrecht in der Welt leisten.

Ich will mich dabei nicht ereifern oder überfordern. Es ist zu meiner wichtigen Lebensaufgabe geworden, meine Arbeit mit Gelassenheit und Freude anzugehen, da ich meine altersbedingten Begrenzungen respektieren will und muss.

Epilog

Der Tod eines Kindes hinterlässt im Leben der Hinterbliebenen viele Lücken. Sie zu schließen wird wahrscheinlich nie ganz gelingen; zu viele alltägliche Begebenheiten können unwillkürlich schmerzliche Erinnerungen auslösen: Mit jeder Geburt eines kleinen Mädchens in einer Familie oder im Bekanntenkreis sieht man das verlorene eigene Kind vor sich. Begegnet man auf der Straße einem Kind, das dem eigenen ähnlich sieht, zuckt man unwillkürlich zusammen und denkt, „Ach, die sieht ja aus wie mein Kind."

Bei Hochzeitsfeiern werden wir konfrontiert mit der Tatsache, dass da junge Menschen im Alter unserer verstorbenen Kinder das erleben, was wir mit unseren gerne erlebt hätten. Durch das abrupte Ende werden unsere Hoffnungen und Wünsche niemals Wirklichkeit. Wie gerne hätten wir sie als verliebte junge Menschen, als neugierige Globetrotter*innen, als engagierte Berufstätige, als strahlende Braut/Bräutigam und als glückliche Eltern erlebt! Sie waren doch noch so jung und wir spürten als Eltern so viel Zuversicht und Hoffnung für ihren Lebenslauf.

Trotz des schweren Verlustes gehen wir weiter, und vielleicht gibt diese Bewegung anderen Betroffenen die nötige Kraft und den Mut, nicht aufzugeben, um nicht nur das Erbe an unsere Kinder wachzuhalten, sondern unsere eigenen Lebensaufgaben zu erfüllen.

Das Verlustthema verlässt wohl auch mich nie, aber es konnte mir nicht auf Dauer die Freude an meinem eigenen Leben nehmen. Bereits in meinem ersten Buch „Hotspots"[24] habe ich in der Geschichte *Die Goldene Spange* den Versuch unternommen, mich mit meiner Trauerverarbeitung des Sui-

24 Engelhardt, C.: Hotspots, Books on Demand, Norderstedt, 2018.

zides meiner Tochter einem Leserpublikum zu öffnen. Diese Geschichte habe ich am Ende der Lesungen aus der Anonymität genommen und als meine eigene Geschichte den Zuhörern offengelegt. Ich war erstaunt, erfreut und auch erleichtert über das Interesse und die Neugier der Zuhörer uund Zuhörerinnen, die mich dann mit vielen Fragen überhäuften.

Dieses Buch „Lebensaufgabe“ zu schreiben war für mich ein ganz wichtiger Schritt weiter in Richtung Öffnung und „Sich trauen“, denn ich legte von Anfang an den Schutz der Anonymität ab.

An dieser Stelle möchte ich nun meine Dankbarkeit aussprechen. Ich dachte lange darüber nach, ob ich die vielen wichtigen Menschen mit Namen nennen soll. Ich führte einen inneren Dialog mit der einzelnen Person. Alle wirkten sehr unterschiedlich an diesem Buch mit. Viele von ihnen haben selbst schwere Verluste und Krankheiten tragen müssen. Dieses Bedanken bewegte mich sehr, denn mir wurde bewusst, wie lange dieses Thema mich und meine Mitmenschen beschäftigte und wieviel Geduld es erforderte.

Meine Dankbarkeit geht nun aus vollem Herzen ohne Namensnennung an alle Menschen, insbesondere an meine Familie: Meinen Mann, meine Kinder mit ihren wachsenden Familien, meine Geschwister, meine Cousinen, Nichten, Neffen und Patenkinder.

Danke aber auch an meine treuen Freund*innen, Kolleg*innen und Nachbar*innen, die mich begleitet haben durch die vielen Jahre meines Lebens. Es war ein gemeinsamer Gang durch Höhen und Tiefen.

Danken will ich auch meinen Patient*innen, die mir ihr Vertrauen schenkten und deren Lebensberichte mein Leben und auch dieses Buch bereicherten.

Auch den vielen Unterstützer*innen meines Buchvorhabens, Freund*innen, Kolleg*innen und Lektor*innen ein herzliches Dankeschön. Sie mussten viel Geduld mit mir aufbringen.

Mit diesem Buch andere an diesem Thema Tod durch Suizid teilnehmen zu lassen, darüber zu sprechen oder zu schreiben, wird keine weiteren suizidalen Handlungen verhindern, denn er geschieht immer wieder. Aber ich habe die Hoffnung, dass Verurteilung und Tabuisierung von Suizid auch durch dieses Buch weiter eingedämmt werden. Da auch jetzt in einer von zunehmenden Krisen geprägten Zeit die Lebensaufgaben größer werden, wünsche ich diesem Buch, ein hilfreicher Begleiter für viele Menschen zu werden. Die Auseinandersetzung mit der Doppeldeutigkeit des Begriffes „Lebensaufgabe" lohnt sich meines Erachtens für jeden Menschen.

Der Ton des Seins erklingt ohne Unterlass.
Die Frage ist, ob wir als Instrument so gestimmt sind,
dass er in uns weitertönt und wir ihn hören.

Aus „Ton der Stille"

Karlfried Graf Dürckheim

Anhang

Hilfreiche Adressen

Wenn jemand darüber nachdenkt, sich das Leben zu nehmen, sollte er versuchen oder durch andere dazu ermuntert werden, mit anderen Menschen über seine Suizidgedanken zu sprechen und sich offen oder auch anonym ein Hilfsangebot suchen. Will er seine eigene Familie oder sein Umfeld nicht belasten, kann er fremde Hilfe anfordern. Das geht telefonisch, im Chat, per Mail oder persönlich.

Anonyme Beratungsstelle der Telefonseelsorge
Telefonnummern 0800/1110111 oder 0800/1110222
Diese Nummern sind kostenfrei, es gibt keinen Einzelverbindungsnachweis und sie tauchen nicht auf einer Telefonrechnung auf.

www.telefonseelsorge.de
Telefonseelsorge hat auch die Möglichkeit einer E-Mail-Beratung. Auf der Seite der Telefonseelsorge kann man eine Nachricht schreiben und die Antworten der Berater lesen. Der E-Mail-Verkehr taucht nicht im Postfach auf.

https://die-arche.de/
Suizidprävention und Lebenskrisen-Unterstützung; Saarstraße 5, 80797 München, Telefon: 089/334041

www.aetas-kinderstiftung.de
Kinderkrisenintervention bei Trauma und Krisenbewältigung von Kindern, Dantestraße 29, 80637 München, Telefon: 089/15986960

www.nummergegenkummer.de
Kostenlose Beratung für Kinder; Telefonnummer 116111 und für Eltern 0800/1110550 bei suizidalen Krisen

Deutsche Depressionshilfe
www.kompetenznetz-depression.de; Telefon 0800/3344533

Infotelefonnummer für Depression: 0800/33 44 533
Deutsche Gesellschaft für Suizidprävention – hier findet man ein Suizidpräventionsprogramm und wichtige Informationen der DGS Deutsche Gesellschaft für Suizidprävention.

www.buendnis-depression.de
Deutsches Bündnis gegen Depression, Goerdelerstraße 89, 04109 Leipzig

www.ak-leben.de
Adressen, Telefonnummern und E-Mail-Adressen von Ak-Kontaktstellen in Baden-Württemberg

www.das-beratungsnetz.de
zentrale Plattform für psychosoziale Onlineberatung; Wilhelmstrasse 118, 10963 Berlin, Telefon: 030/44013618

www.neuhland.net
Suizidprävention und bei Krisen von und für Kinder, Jugendliche und junge Erwachsene; E-Mail: *beratungsstelle@neuhland.net*; Telefon: 030/8730111

www.u25-freiburg.de
Beratung für junge suizidgefährdete Menschen; Talstraße 29, 79102 Freiburg, E-Mail: *info@u25freiburg.de*, Telefon: 0761/3388

www.youth-life-line.de
Österbergstraße 9, 72074 Tübingen, Telefon: 07071/254281

www.agus-selbsthilfe.de
Bundesweite Selbsthilfeorganisation für Betroffene nach Suizid oder Menschen, die diese in ihrer Not hilfreich begleiten wollen. E-Mail: *kontakt@agus-selbsthilfe.de*; Agus e.V., Kreuz 40, 95445 Bayreuth, Telefon: 0921/1500380

Bundesverband Verwaiste Eltern und trauernde Geschwister
www.veid.de; E-Mail: *kontakt@veid.de*Telefon: 0341/9468884

mitten.im.leben@gmx.de
Hilfe für Hinterbliebene nach Suizid; E-Mail: *leben@gmx.de*

www.kiss-stuttgart.de
Selbsthilfekontaktstelle nach Suizid eines Angehörigen; Kiss Stuttgart, Tübinger Straße 15, 70178 Stuttgart, Telefon: 0711/6406117

https://www.vlsp.de
(Verband lesbischer Psychologinnen und schwuler Psychologen), VLSP e.V. c/o PLUS, Max-Joseph-Straße 1, 68167 Mannheim, Telefon: 0621/48345539

Verzeichnis der Übungen

„**Rucksack oder Bauchladen**" (Seite 207) Diese Übung ist hilfreich für Menschen, die durch ihre ständige Beschäftigung mit ihren Träumen oder Problemen, welche sie wie auf einem Tablett vor sich hertragen, den Kontakt mit ihrem Gegenüber blockieren. Wie kann ich mein Schicksal tragen?

„**Es atmet mich**" (Seite 209) Meditations-Atemübung. Sie bringt Ruhe und Entspannung. Sie dient dem Loslassen von sich ständig aufdrängenden Gedanken.

„**Eierlegeübung**" (Seite 210) Eine Körper- und Atemübung, die hilfreich ist für Frauen mit Trauer um den Verlust eines Kindes oder nach einer Fehlgeburt. Sie dient der Stärkung und dem Wiedererlangen einer positiven Weiblichkeit im Becken.

„**Sicherer Ort**" (Seite 211) Eine Imaginationsübung. Durch Schaffung eines angenehmen, sicheren, imaginierten Ortes gelingt es, sich mental aus einer belastenden Situation zu entfernen, um Ruhe zu finden und neue Kraft zu tanken. Die Imagination des Ortes sollte eingeübt werden, damit sie in einer belastenden Situation rasch angewendet werden kann.

„**Notfallkoffer**" (Seite 212) Eine Imaginationsübung zur Krisenbewältigung, insbesondere bei Ängsten vor dem Alleinsein, im Rahmen einer Trennungssituation. Z. B. bei Reisen, Urlauben und Abwesenheit wichtiger Bezugspersonen oder eines/einer Therapeut*in. Was sich im Notfallkoffer befindet, sollte vor der Situation eingeübt werden.

„**Fünfer Regel**" (Seite 214) Eine Wahrnehmungsübung des eigenen Körpers und seiner Umgebung. Sie sollte eingeübt werden in einer stabilen Situation, um sie dann hilfreich bei Gefühlen von Kontrollverlust, Angst und Panik anzuwenden.

Literaturverzeichnis

Baechler, Jean: Tod durch eigene Hand, Ullstein, 1981.

Bowlby, John: Verlust, Trauer und Depression, Fischer, 1983.

Bolton, I.: Death of a Child by Suicide, in: Parentel Loss of a Child, hrsg. von Therese A. Rando, Research Press, 1986.

Brocher, Tobias: Wenn Kinder trauern, Rowohlt, 1985.

Dürckheim, Graf Karlfried.: Ton der Stille, Weitz Verlag, 1997.

Eder, Sebastian: Eine dramatische Situation, Artikel in der FAZ vom 10.01.2022.

Engelhardt, Christiane.: Hotspots, Books on Demand, Norderstedt, 2018.

Finzen, Asmus: Suizidprophylaxe, Thieme Verlag, 1997.

Fischer, Gottfried: Neue Wege aus dem Trauma, Walter Verlag, 2003.

Green, Emory: Emotionale Erpresser, Modern Mind Media, 2020.

Häsin, Helga.: Du gehst fort und ich bleib da, Berlin: Fischerverlag, 1992.

Henderson, Julie: Embodying Well-Being, AJZ Druck und Verlag, Bielefeld, 2001.

Henseler, Heinz / Reimer, Christiane: Selbstmordgefährdung, Frommann-Holzboog, 1981.

Herman, Judith: Die Narben der Gewalt, Junfermann Verlag, 2003.

Hofmann, Arne.: EMDR in der Therapie psychotraumatischer Belastungssyndrome, Thieme 1999.

Husebø, Stein.: Liebe und Trauer, Lambertus, 2005.

Isensee, S.: Trauer von Kindern bei Geschwistertod, Prüfungsarbeit Universität GH Essen Fachbereich 2: Psychologie, unter Prof. Goldbrauner, SS 1995.

Kast, Verena.: Trauern – Phasen und Chancen des psychischen Prozesses, Kreuz-Verlag, 1986.

Kübler-Ross, Elisabeth.: On Death and Dying, Verlag Simon und Schuster, 1969.

Moorjani, Anita: Heilung im Licht, Goldmann, 2012.

Müller-Plein, H.: Suizidzahlen in Deutschland im Jahr 2019 Doktorarbeit Universität Kassel, siehe auch *https://www.naspro.de/dl/Suizid-praevention-Deutschland-2021.pdf*

Otzelberger, Manfred: Suizid: Das Trauma der Hinterbliebenen – Erfahrungen und Auswege, DTV, 2002.

Paul, Chris: Warum hast du uns das angetan, Ein Begleitbuch für Trauernde nach einem Suizid, Gütersloher Verlagshaus, 1998.

Paul, Chris: Neue Wege in der Trauer und Sterbebegleitung, Hintergründe und Erfahrungsberichte für die Praxis, Gütersloher Verlagshaus, 1962.

Paul, Chris: Schuld, Macht, Sinn: Arbeitsbuch für die Begleitung vom Schuldfragen im Trauerprozess, Gütersloher Verlagshaus, 2010.

Pohlheimer, H.: Depression und Selbstmord, Keil Verlag 1980.

Preuß, Gertrud L.: Die verlorene Seele, Noel Verlag, 2017.

Raabe, Elisabeth: „... und diese Erfahrung habe ich nun auch gemacht", Texte zum Tod eines nahen Menschen; E. Arche Verlag, 1986.

Reddemann, Luise: Imagination als heilsame Kraft, Pfeiffer bei Klett-Cotta, 2002.

Reimer, Christian / Eckert, Jochen: Psychotherapie, Lehrbuch für Ärzte und Psychologen, Springer Verlag, 2000.

Reimer, Christian / Rüger, Ulrich: Psychodynamische Psychotherapien, Springer Verlag, 2000.

Rinder, Nicole / Rauch, Florian: Damit aus Trauma Trauer wird, Weiterleben nach dem Suizid eines nahestehenden Menschen, Gütersloher Verlagshaus, 2016.

Ringel, Erwin: Der Selbstmord: Abschluss einer krankhaften psychischen Entwicklung, Maudrich, Wien, 1953.

Rosof, Barbara D.: Wenn ein Kind stirbt, Goldmann, 1998.

Rotthaus, Wilhelm: Suizidhandlungen von Kindern und Jugendlichen, Carl-Auer Verlag, 2020.

Rudolf, Gerd: Psychotherapeutische Medizin, Ein einführendes Lehrbuch auf psychodynamischer Grundlage, Enke Verlag, 1995.

Sachsse, Ulrich: Selbstverletzendes Verhalten: Psychodynamik – Psychotherapie. Das Trauma, die Dissoziation und ihre Behandlung, Vandenhoeck und Ruprecht, 1999.

Sachsse, Ulrich: Traumatherapie – Was ist erfolgreich?, Vandenhoeck und Ruprecht, 2002.

Shapiro, Francine.: EMDR – Grundlagen und Praxis, Junfermann Verlag, 2003

Sigg, Rolf: Warum Menschen freiwillig aus dem Leben gehen, Eine Dokumentation der Menschlichkeit, Edition Tau, 1998.

Spearing, J. EMDR und Trauer Script Level 2, EMDR Ausbildung Köln/ Institut A. Hoffmann.

Stork, Maira: Seitdem ist alles anders, Wegweiser nach dem Suizid eines Angehörigen, Bonifatius Verlag, 2018.

Trautmann-Voigt, Sabine / Voigt, Bernd: Körper und Kunst in der Psychotraumatologie, Schattauer, 2007.

Van der Kolk, Bessel A.: Traumatic Stress, Junfermann Verlag, 2000.

Voss-Eiser, Mechthild.: Noch einmal sprechen von der Wärme des Lebens, Texte aus der Erfahrung von Trauernden, Freiburg: Herder, 1997.

Wiese, Anja: Um Kinder trauern, Gütersloher Verlagshaus, 2001.

Willemsen, Roger: Der Selbstmord, Kiepenheuer & Witsch, Köln 2002.

Wöller, Wolfgang / Kruse, Johannes: Tiefenpsychologisch fundierte Psychotherapie, Schattauer Verlag, 2001.

Worden, William J.: Beratung und Therapie in Trauerfällen, Ein Handbuch, Hans Huber Verlag 1986.

304 Seiten | € 20,00
ISBN 978-3-89710-739-7

Weil ein anderer nicht mehr leben wollte, liegt die eigene Welt in Trümmern. Das ist die Situation von Hinterbliebenen nach einem Suizid. Auf einmal sind da: Schock, Wut, langsames Begreifen, Schuldgefühle und der Umgang mit wohl nie zu beantwortenden Fragen. Mit all dem sind Menschen konfrontiert, in deren Umfeld sich jemand das Leben genommen hat.

In diesem Arbeitsbuch, das als eine erste, leicht verständliche Trauerhilfe gedacht ist, schildert Maira Stork autobiografisch ihre Erfahrungen mit der Trauer nach einem Suizid infolge einer Depression. Sie begleitet Menschen in dieser schwierigen Lebenssituation, geht die Trauerphasen mit und lädt ein, eigene Gedanken zuzulassen und festzuhalten. Mit verschiedenen praktischen Übungen ermutigt sie, aktiv zu werden, den eigenen Trauerprozess zu reflektieren und bewusst zu gestalten.